吉林财经大学资助出版图书

2023 年度吉林省高等教育教学改革研究项目"新文科视域下地方财经院校日语专业人才培养模式变革研究"。

# 区域国别视域下日本经济学专业人才培养路径研究

李凤忱　著

吉林大学出版社

·长　春·

**图书在版编目（CIP）数据**

区域国别视域下日本经济学专业人才培养路径研究
李凤忱著. —长春：吉林大学出版社，2023.9
ISBN 978-7-5768-2203-8

Ⅰ．①区… Ⅱ．①李… Ⅲ．①经济学–专业人才–人
才培养–研究–日本 Ⅳ．①F0-4

中国国家版本馆CIP数据核字（2023）第191411号

书　　　名：区域国别视域下日本经济学专业人才培养路径研究
QUYU GUOBIE SHIYU XIA RIBEN JINGJIXUE ZHUANYE RENCAI PEIYANG LUJING YANJIU

作　　者：李凤忱
策划编辑：黄国彬
责任编辑：张维波
责任校对：王默涵
装帧设计：姜　文
出版发行：吉林大学出版社
社　　址：长春市人民大街4059号
邮政编码：130021
发行电话：0431–89580028/29/21
网　　址：http://www.jlup.com.cn
电子邮箱：jldxcbs@sina.com
印　　刷：天津鑫恒彩印刷有限公司
开　　本：787mm×1092mm　　1/16
印　　张：12.75
字　　数：200千字
版　　次：2024年5月　第1版
印　　次：2024年5月　第1次
书　　号：ISBN 978-7-5768-2203-8
定　　价：78.00元

　　本书系 2023 年度吉林省教育厅科学研究项目"新文科视域下外语学科区域国别人才培养模式创建与实践研究"的研究成果之一，课题批准号：JJKH20230176SK。

# 前　言

　　全球化背景下，高校经济学科面临人才培养的挑战是多维度、多层面的。伴随着经济社会的快速发展和产业结构的持续重大调整，中国高等教育体系有了空前的成长和发展，这也给我国文科建设提出了新要求，2018 年 8 月，中共中央首次提出"高等教育要努力发展新工科、新医科、新农科、新文科"，首次正式提出"新文科"这一概念。与此同时，由于我国国力持续提升，以及与世界的交往日趋紧密，如何更好地读懂世界、更好地与世界交往，就成了十分重要的问题，区域国别研究（International and Area Studies）便逐渐在大家的视野中呈现。

　　在这一转变过程中，社会对应用型人才的需求和要求也在不断提高。中国社会主义市场经济的属性决定了其在理论的基础建设上，有异于西方经济学理论，在经济发展阶段上又有别于传统马克思主义经典理论。因而，中国经济的发展过程是一个摸索的过程，也是一个创新的过程，而这个过程就需要掌握不同经济学理论体系的经济学人知行合一，用所学结合所用，创造符合中国经济发展实际的经济学理论。这也决定了在经济学人才培养模式上一定要坚持理论结合实践的原则。高校人才培养目标的实现依赖于人才培养模式的选择和构建。经济的快速发展离不开优质的高等教育资源的大力支持，立足于中国经济发展战场，充分利用高校的高等教育优势，以满足地方经济发展的人才需求为导向，探讨高校经济类专业人才培养模式就显得尤为迫切和重要。

本书以日本大学本科经济学专业人才培养模式为研究对象，侧重于从历史演进、目标要求、课程与教学体制、实施与评价的立体维度对日本高校经济学专业人才培养进行研究。一方面立足我国高校现状，力争解决"不同类别的日本高校提出怎样的本科经济专业人才培养目标？通过什么样的课程体系来支撑其培养目标的达成？课程与教学的实施状况及其特点等"的直观性问题，另一方面则着重通过对这些问题的研究厘清日本高校经济专业人才培养目标与学校的办学定位及其与社会经济发展需求的关系。为解决这些问题，本书将对日本高校经济学专业产生与发展做全面细致的分析，从中发现日本高校经济学专业发展变化的历史规律；同时，通过对日本不同层级高校的本科经济学专业人才培养的理念、目标及途径与方法进行深入论述，揭示日本高校经济学专业教育的实际状况，试图解析日本高校经济学专业教育与社会经济发展的关系。这样的研究对深化我国比较教育领域中的日本教育研究具有重要的学术价值。此外，通过对日本高校本科经济学专业人才培养体系进行全面的分析和阐述，总结日本社会经济的发展状况，力争为我国高等院校经济学专业的改革和发展提供方向性参考。

全书共分为六章。

第一章，日本高校本科经济学专业教育发展历史演进。首先，详细地阐述了日本战前、战后经济教育的发展史；其次，介绍了日本高校经济学专业类型的产生与发展，内容包括日本高校类型、日本高校偏差值、经济学专业类型等。

第二章，日本高校本科经济学专业人才的培养目标。分别对日本高校本科阶段人才培养目标进行概述，以日本高校中三种不同类型的大学作为对象，选取东京大学、早稻田大学、九州大学、福冈大学、长崎大学、帝京大学等作为案例分别对三种类型的大学进行分析，通过培养目标确立的背景、培养目标的定位、培养目标与社会经济发展的关系等三个方面来对不同类型大学的不同培养职能进行阐述。

第三章，日本高校本科经济学专业教育的课程体系。探讨了当代日本高等教育课程改革事实，包括日本高等教育本科课程改革的背景和高等教育本科课程改革的内容及特点。以研究型大学、普通型大学、应用型大学的本科经济专业课程类型和课程结构为落脚点进行分析，旨在宏观把握经济专业的课程结构和课程体系；进一步阐述与分析经济学专业课程与社会经济发展的关系。

第四章，日本高校本科经济学专业教育的教学途径与方法。首先从教学论的角度出发，对日本高校本科阶段经济学教学途径与方法进行概述和总结。然后，分别对研究型大学、普通型大学、应用型大学本科经济学专业的教学目标、教学内容、教学方法进行梳理，厘清了三种不同类型的大学根据其不同的育人目标在教学方面的不同点，并根据这一分析探究了经济学专业教学实践与社会经济发展的关系。

第五章，日本高校本科经济学专业教育的考核与评价。首先对日本高校本科阶段经济学专业考核与评价进行梳理和总结，包括日本高校经济学专业发展现状、日本高校经济学专业学科分类与课程设置、日本高校经济学专业的教学方式与考核方式等方面。接着分别对研究型大学、普通型大学、应用型大学的本科经济学专业评价的标准做出分析和阐述，探究了三类大学在培养过程中的专业评价和考核指标。

第六，结语。总结日本高校本科阶段经济学专业人才培养体系，对其动态性的培养体系进行高度概括，厘清了日本高校本科经济学专业人才培养目标与学校的办学定位及其与社会经济发展需求的关系，最后提出了本书的创新之处与研究不足。

本书是在笔者博士学位论文的基础上，经反复推敲、修改而成。在撰写过程中得到了老师、同仁、朋友的鼓励、帮助和支持，在此一并表示感谢。感谢在笔者学习期间给予笔者的关怀与陪伴，也衷心地祝愿各位未来的人生道路一切顺利。

李凤忱

2022 年 12 月 8 日

# 目 录

# 第一章　日本高校本科经济学专业教育发展历史演进

正如英国比较教育学家汉斯所言："历史的影响常常具有决定性的作用，即使现代也不例外。"①②日本高校本科经济学专业的诞生和发展也是如此。它是建立在日本经济教育的飞速发展之上。本章第一部分透过分析日本经济教育发展，了解日本战前及战后的经济教育发展，第二部分通过区分日本高校类型、日本高校偏差值、经济学专业类型等三个维度来阐述日本高校本科经济专业教育发展的历史演进，能进一步解释现实中日本高校经济教育存在的问题，通过解释来进一步修正事实，还能以史为鉴，辨别教育是非，更好地为本国的经济专业教育实践和改革提供经验指导。

## 一、日本经济学教育发展简史

### (一)同化与兴起时期：日本战前经济学教育

1. 日本战前经济教育发展背景

日本近代教育发展史充分体现了国民对教育的高度重视。在完善了基础教育之后，为了进一步推动和适应经济发展，高等教育受到了格外的重视。与其他国家教育发展的过程类似，日本经济的发展直接制约和影响着它的高等教育。日本高等教育的改革也是一直紧紧跟随着它的经济发展需要而实行的。

日本高等教育分为高等教育机构的创立时期、高等教育制度的统合时期和战后高等教育的改革以及大众化时期等三个阶段。日本高等教育制度是在

---

① 赵中建，顾建民. 比较教育的理论与方法[M]. 北京：人民教育出版 1994：115.
② 姚琳，彭泽平. 比较教育研究中的历史主义范式[J]. 比较教育研究，2010(5)：23-27.

1872 年确立的，确立的标准是《学制》的出台。① 东京大学成立之初把法国的公共教育制度作为基础。直到 1877 年 4 月，建立了第一所近代大学。②

最早东京大学成立的目的是培养国家的指导者和高等专门技术人才。日本教育史学者大久保利谦认为，在日本，东京大学是最早出现的欧美型大学，也是本国近代大学史上的划时代事件。③ 日本对法国高等教育模式的借鉴并非一贯而终。在十年后的 1877 年，日本再一次赋予了东京大学作为高度集中的专门学术机构的特殊地位。在此基础之上，又综合了其他几个专门学校成立了新的大学。④

1886 年，东京大学更名为东京帝国大学，它是《帝国大学令》颁布后产生的，这也标志着日本国立大学的诞生。在这之后，日本整个高等教育的改革指导思想，始终以国立大学的发展作为其核心。⑤ 一直延续到 19 世纪末，才只有东京帝国大学和京都帝国大学这两所学校被称为"大学"。其中京都帝国大学在 1897 年才成立。⑥

专门学校是 1879 年日本政府颁布《教育令》，才明确规定了它的地位。它是与大学同时产生的教育机构。⑦ 而同时《教育令》对二者的区分也做了明确阐述："多科专门知识属于大学传授的，专门知识则交给专门学校"。尽管如此，到 19 世纪末，专门学校的发展仍然处于一种混乱、模糊的状况。⑧

到了 20 世纪初，明治维新初见成效，日本的经济飞速发展。随着初等教育的完全普及和国家的学校教育制度的确立以及中等教育入学率的不断提高，日本社会对高等教育的需求逐步增大。

1903 颁布的《专门学校令》对专门学校的定义和具体的招生学制等都做了

---

① 刘文华. 日本高等教育的特点探析[J]. 山东教育学院学报，2000(4)：1-3.

② 郭丽，茹宁. 日本国立大学"身份"的演变——大学与政府关系的视角[J]. 外国教育研究，2014(9)：26-36.

③ 胡建华. 百年回顾：20 世纪的日本高等教育[J]. 南京大学学报（哲学·人文科学·社会科学版），2001(4)：153-160.

④ 卢宁. 战后日本短期高等教育体系研究[D]. 华东师范大学，2008.

⑤ 赵翠. 日本的民族特性与日本的高等教育制度[J]. 新课程学习：中，2011(10)：182-183.

⑥ 侯蓉. 中日近代高等教育立法比较[J]. 高教研究与实践，2003(3)：77-80.

⑦ 胡建华. 百年回顾：20 世纪的日本高等教育[J]. 南京大学学报（哲学·人文科学·社会科学版），2001(4)：153-160.

⑧ 胡建华. 百年回顾：20 世纪的日本高等教育[J]. 南京大学学报（哲学·人文科学·社会科学版），2001(4)：153-160.

进一步的详细规定，此后专门学校的数量逐渐增多，到 1905 年已达五十余所，在校生超过一万人。① 在这之前，日本的大学也只有两所，在校生四千余人。之后的十年间，专门学校在校生差三千就将近两万人，学校也增加到将近70 所。② 与此同时，仅增加了两所大学。在校生数量仅仅增加了三千人左右。

四十年间，许多私立专门学校想升格为大学的要求都不予批准。③ 这一态度证明了《帝国大学令》以国立大学发展为重思想的坚定，国立大学一直具有决定性的地位。直到 1918 年，《大学令》的颁布，才改变了这一格局，涌现出许多私立大学，这使得日本高等教育的结构大大改变。④ 与前面不予批准的态度相反，《大学令》实施仅 4 年就有 16 所专门学校升格为私立大学。⑤ 对后世影响深远的早稻田大学、立命馆大学、明治大学等著名学府均都包含其中。1940 年日本的教育机构由图 1-1 四种学校构成。

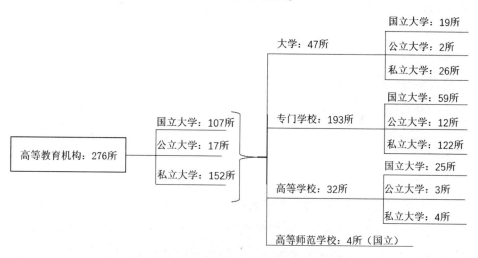

图 1-1　1940 年的日本高等教育学校构成

① 侯蓉. 中日近代高等教育立法比较[J]. 高教研究与实践，2003(3)：77-80.
② 胡建华. 百年回顾：20 世纪的日本高等教育[J]. 南京大学学报(哲学·人文科学·社会科学版)，2001(4)：153-160.
③ 胡建华. 百年回顾：20 世纪的日本高等教育[J]. 南京大学学报(哲学·人文科学·社会科学版)，2001(4)：153-160.
④ 黄静潇，汤晓蒙. 面向 2040 的日本高等教育现代化及其启示[J]. 高教文摘，2020(6)：72-77.
⑤ 黄静潇，汤晓蒙. 面向 2040 的日本高等教育现代化及其启示[J]. 高教文摘，2020(6)：72-77.

高等学校相对其他学校来说，几乎算是日本独有的教育机构。而且它非常特别。因为它是中高等教育两个阶段的过渡和涵盖。高等教育直接招录小学毕业生。修业年限为七年，分成两段。第一阶段修业年限为四年，第二阶段为三年。第一阶段称为普通科，实行中等教育；第二阶段为高等科，实行高等教育。高等学校的毕业生的选择有两个：可以选择继续深造，也可以选择专门学科。① 学习年限为三年。其中医科为四年，而专门学校的学习年限一般为三到四年。此外还有高等师范学校，具体按性别分两类。② 分别为男校和女校。前者招收普通中学的毕业生，而后者招收高等女学校的毕业生，男校和女校学生的修业年限均为四年。

日本的近代高等教育体系非常复杂，其中最复杂的地方主要体现在中等教育的衔接和学习年限的多样上。此外，日本近代高等教育的机构也十分复杂，包括了由地方政府设立的公立、私立和国立三类。日本高等教育中的公立部分所占比例最小，而私立机构则非常发达，超过半数。私立的专门学校更是占据专门学校高达 63.2%。日本近代高等教育最大的特点便是非常重视私立高等学校的建设和比例，以私立高等学校为依托。这个特点在战后也被延续，可以说是战后日本高等教育逐渐普及，由精英阶层向大众化迈进的指导思想。③

由于机构类型、修业年限、中高等教育衔接的复杂性，日本近代高等教育的各组成部分之间差距很大。在有些日本学者看来，这种情况之所以产生的原因之一是与政府实施的"官贵民贱"政策有关。也就是尽管在当时日本的私立高等教育机构在数量上占据优势，但是政府更加认可国立高等学校，而对私立专门学校，则采取一种忽视的态度。战前的日本高等教育体系采取的是双轨制，对普通中学的毕业生而言，只能选择升入专门学校。专门学校的任务是传授知识技艺，为社会提供专门的人才。能升入大学的为高等学校或者大学预科生。大学的任务是进行学术研究，为国家培养精英人才。由此形

---

① 胡建华. 百年回顾：20 世纪的日本高等教育[J]. 南京大学学报（哲学·人文科学·社会科学版），2001(4)：153-160.

② 卢宁. 战后日本短期高等教育体系研究[D]. 华东师范大学，2008.

③ 胡建华. 百年回顾：20 世纪的日本高等教育[J]. 南京大学学报（哲学·人文科学·社会科学版），2001(4)：153-160.

成等级式的金字塔。大量的私立专门学校处于塔底，而处于金字塔塔尖位置的为少数帝国大学。[①] 这种金字塔式的等级分明的结构使得不同的教育机构不仅仅在教学质量，学术研究上存在差距，而且在社会地位上更是如此。这种等级式的情况一直持续到战后。日本在 1931 年，发动了侵华战争。在军国主义思想的深刻影响下，日本在 1938 年颁布了《国家总动员法》，自此整个日本社会陷入了军事化的深渊。

日本的高等教育也逐渐沦为了军国主义的齿轮。直到战后美国派出使节团，才对根深蒂固的军国主义教育制度逐渐进行了改革。

日本的近代高等教育并非在发源之初就迅速壮大，日本政府真正发力高等教育是在进入 20 世纪之后。日本采取的是国家举办少量高水平的大学，通过扩大私立大学规模的方式发展，1999 年私立高等教育已经达到了四分之三的比例。国立高等学校与私立高等学校规模比例这样悬殊，纵观世界高等教育史都可以说是比较少见的。20 世纪的后半段除了七八十年代交接的几年间在校生数量同比小幅下降，其余的几十年间日本高等教育在校生的数量一直保持着增长态势。这种持续、稳定的增长为日本战后的经济腾飞提供了人才保障。[②]

**2. 日本战前本科经济专业教育的发展**

从明治初期到二战结束这段时间，经济学教育概念的界定尚比较模糊。因此，我们可以从经济思想和教育思想的发展过程来寻找这一领域的发展过程。明治维新明确了中央集权政府的确立意义。在对封建社会进行革新的过程中，明治政府采取了学习西方现代化的姿态。明治初期的主要特征是向英美学习。

1867 年，东京医学校与东京开成学校合并为大学。1875 年，大学改名为东京大学、1884 年，东京大学改名为帝国大学，以讲授以皇道主义为基础的国学和汉学为主。[③] 但是，在日本《学制》的基础上，取代这些国学、汉学，

---

① 胡建华. 百年回顾：20 世纪的日本高等教育[J]. 南京大学学报(哲学·人文科学·社会科学版)，2001(4)：153-160.

② 赵丽丽. 浅析日本教育的双重性格[J]. 世界教育信息，2006(1)：39-41.

③ 国立公文書館. Ⅳ明治後期の学び[EB/OL].(2007)[2019-4-25] http：//www. archives. go. jp/exhibition/digital/meiji/contents4_ 01/.

学习西方思想和制度的风气迅速蔓延开来。明治 10 年（1877 年）后，日本的教育思想受到了英国影响。斯宾塞著的《教育论》（尺振八译，明治 13 年），西村贞所著的《小学教育新论》（文部省出版）等，也都是表明了"教育的理想是创造自由人，不承认一切强制"的英国自由主义教育论。

《学制》在发布之初，参考了前东京开成学校校长田正成雄翻译的《荷兰学制》。在中学条例的 11 个科目中提到了"经济学初学部"。在高等中学的 20 个科目中也设立了"修身学和经济学"。全国的 210 个小学中虽然设立了修身、日本历史、地理等课程，但没有加入与经济有关的科目。另外，师范学校的教育课程中还包括"经济大意"科目。教育过程分为初等初中和高等中学两种，终身年限分别为 4 年和 2 年，共 6 年。每周授课时间为 26 到 28 个小时，但当时的"经济"课程却只有两个小时。在这个时期的学校里，经济学的教学并不具有很多理论性的东西。例如当时作为教科书被使用的冈田良一郎著的《活法经济论》（明治 12 年）的目录为"一、富国；二、兴产；三、贸易……"，书中把经济学与国民富强直接联系在一起，虽然很好地体现当时的特征，但缺乏经济理论的内容。

教育制度的确立取得了巨大成果，根据文部省的调查，明治 16 年（1883 年）日本的就学率已经超过了 50%。在明治 10 年（1877 年）前后的自由民权运动中，18 和 19 世纪前后的欧洲启蒙运动为自然主义的产生奠定了基础。为了对这种自由主义思想加以控制，明治 13 年（1890 年）颁布了"改正教育令"。政府和文部省开始强调日本道德的制度改革，修身课成第一大科目。在明治 14 年（1881 年），教科书还是申报制，在明治 16 年（1883 年）转变为了认可制，19 年（1886 年）改为审定制。在这一系列改革中福泽谕吉（代表作《通俗民权论》）等开明派和自由主义的教科书都被排除掉了。

随着接下来森有礼颁布的《学校令》等一系列改革，自由民权运动以明治 20 年（1887 年）的"对等团结运动"为契机而结束。在这段教育制度改革的过程中，英美的教育思想因重视知识而轻视道德而被淘汰。随后，德国赫尔巴特教育思想被重视起来。明治 21 年（1888 年），德国人艾米尔·豪斯特借希尔伯特思想在东京帝国大学的宣传这一机会极力强调道德陶冶的重要性。这一举动在日后被人指出具有浓厚的政治意味。

　　明治 11 年(1878 年)，提出了自由主义经济论的田口良吉编著的《自由贸易日本经济论》被作为绝对和普遍的经济法则出版。明治中期，日本吸收西欧经济学的经验，情况逐渐发生变化。在杉源四郎的说明中，确实一开始是以自由主义经济学为主，但后面发生了变化。例如东京大学经济学专业的外聘教授中支持德国历史学派的教师比例在变高。从明治 15 年到 21 年(1882—1888 年)，以《国富论》为首的一系列外国著作被翻译过来，造成了巨大影响。明治 19 年(1886 年)，天野成之翻译补充的《经济原理》也出版了。这一著作截至明治 30 年(1897 年)已经再版 22 次，销量超过三万本。在野党中支持保护主义经济论的人也逐渐增加。这一时期出版的《情势论》对自由主义经济论进行了严格的批评。

　　在明治中期，经济教育内容逐渐变得丰富，若想成为一个教师必须要参加"经济考试"。明治 17 年(1884 年)8 月 13 日，文部省发布了"中等学校师范教师执照规定"。这一规定要求在考试的 36 个科目中加入"经济"。与此同时，经济教育的内容也在逐渐完善。明治 20 年(1887 年)，土子金四郎编著的《经济学大意》第一次出版，至明治 33 年(1900 年)再版多达六次。这本书基本整理出了经济学理论的大部分内容。它的目录从理论到生活具有很强的层次性，如第一篇包括总论、经济学起源和目的及作用、财富的定义及经济学与其他各个学科的逻辑关系；第二篇中主要涉及了材料的生产，内容涵盖生产的三要素及生产的意义所在，内容包括劳动力、土地和资本；第三篇主要谈及商品的交易，包括交易的性质和效果，价格和市场，需求和供给定义及相互关系，货币和物物交换；第四篇内容主要是财富的分配，包括分配和被分配，租金的意义，劳动报酬及利益；第五篇内容是信用和外汇及贸易，包括信用定义及其意义，外汇兑换方法及变化原因，贸易的种类、国际贸易等；第六篇内容主要涉及消费内容，包括消费的意义、种类，消费者和生产者，生产和消费的协调关系，储蓄的意义等。

　　这本书的内容从今天的经济学原理的眼光来看，在宏观经济学领域虽然具有一些数理说明过少的弊端，但仍然是一部经典之作。这部经济学著作各章节间没有完全区分商业交易和经济学理论，也说明了当时商学没有从经济学中脱离出来的特点。

在明治 23 年(1890 年),庆应义塾大学的理财专业设立了经济学原理、近代经济史、财政保护和自由贸易史等 36 个经济学相关科目。日本大学本科的经济学类专业的设置上有的十分传统,如经济学科专业包含理论经济学、统计学等;日本商学专业包含商业学、银行学、保险学、交通运输学、财政学和会计学等。

**(二)发展与演变时期:战后日本高校经济学专业教育**

二战期间,日本作为轴心国在各行各业都受到了德国的影响,高等教育制度也不例外。这一局面在战后发生了巨大转变,日本的高等教育模式开始受美国高等教育发展思想的影响,逐渐美化。[①] 日本战败后,以美国为首的同盟国对日本进行了长达六年八个月的占领。尽管日本在二战中战败使其失去了独立的外交权,但美日关系却非常暧昧,超过了简单的战败国和战胜国关系的层次。国与国之间合作共赢,都是基于各自国家的利益发展需要。美日亲密关系的形成也是如此。拿美国来说,美国推出了一系列的具有针对性的外交政策既是为了应对"共产主义势力的威胁",同时也是为了自身利益的发展。在日本战败后,日本社会的军国主义思想、左翼群体和极端主义思想都受到了以美国为首的同盟国的严格管控和审查。此外,美国对日本本土文化同时保持着控制和渗透,以塑造日本国民的亲美态度,化解作为战争敌对方的仇恨。

1. 日本战后经济学专业教育发展背景

战后的日本经济一度处于无法运行的状态,人们连基本的温饱都不能保证。1950 年美国入侵朝鲜。这一外部因素对日本经济的发展起到了一定的促进作用。1955 年,战前日本经济的最高水平是在 1955 年恢复的。在此之后,日本经济开始增长。日本政府开启了"国民收入倍增计划",1960 年的国民生产总值同比上一年增长高达 13.8%,到了 1973 年日本已经达到了战后经济发展水平的巅峰。日本经济如此迅速地发展,教育在其中发挥着重要作用。[②] 此外,日本学者康津在其著作《日本科技革命的道路》中,认为日本的工农业体

① 卢宁. 战后日本短期高等教育体系研究[D]. 华东师范大学, 2008.
② 汤晓黎. "二战"后日本的教育改革[J]. 前沿, 2005(10):117-118.

量的增长中，几乎有一半是技术带来的。而这一切都是因为教育在其中发挥的作用。

二战之后，日本高等教育学习美国，对其自身进行了体制改革。此后日本高等教育的规模不断扩大，质量也不断提高。来自美国的民主思想在战后的日本社会生根发芽，与根深蒂固的日本军国主义发生了激烈碰撞。其中影响最大的是《第一次美国教育使节团报告书》。①

伴随着高速的经济发展，日本的高等教育也终于得到了进一步的重视。一直到1955年才达到战前的最高水平。而且，从1956年开始，经济一直保持年均高达10%的增长。② 在60年代，日本的经济发展可以说达到了巅峰时期。除了经济的高速发展和生产规模的扩大，为了应对全球化的市场，日本各行各业都对人员培养提出了严峻的要求。社会对更大规模的高等教育和理工科专业学生的需求已经是迫在眉睫。为此，日本政府将对教育政策的改革计划纳入了国民经济发展计划中。在1957年，日本政府公布了《新长期五年计划》。这一计划的目的在于扩大招生，通过对科技发展的保证来维持高速的经济发展。③

*Report of the United States Education Mission to Japan* 这份报告书是在1946年4月的一个月间，美国27名教育专家在日本进行充分的调查研究后完成的。这次报告书产生的影响最为深远。这份报告得到了日本政府的高度重视，后续推行教育政策改革的过程中，日本政府一直以这份报告书为依据。它可以说是战后日本教育改革的第一份基本文件。

战后出台的一系列法律中，公认以1947年的《教育基本法》最为重要。因为它明确规定了战后日本的发展目的和方向。④《教育基本法》和《学校教育法》颁布并被实施的时间基本相差无几。《学校教育法》中最为重要的一点就是要求日本的教育仿照美国的六三三四制教育制度重新分配修业年限。以这两项法律的制定为起点，高等教育的改革在日本正式开始。这次改革的核心目

---

① 胡建华. 关于大学"模式移植"的若干思考[J]. 现代大学教育，2002(2)：11-14.

② 王晓兰. 论日本"科技立国"战略及对我国启示[D]. 中南大学，2004.

③ 孙红梅. 经济增长与高等教育发展规模的关系研究[D]. 西北大学，2007.

④ 胡建华. 百年回顾：20世纪的日本高等教育[J]. 南京大学学报（哲学. 人文科学. 社会科学版），2001(4)：153-160.

的是以"新制大学"取代战前多样的高等教育机构，使得政府更加便于管理。在这次改革的过程中，日本政府提出了"一府县一大学"的指导方针，这一方针是为了政府在地理位置角度上便于管理。历时五年的调整，使得日本五百余所旧体制高等教育整合成了二百多所新制大学。[①] 而且在这二百多所大学中，共分三种类型的大学，分别是国立大学、公立大学、私立大学。其中私立大学最多，占比达到50%以上。此外，从学科分类上看，综合大学共计98所，占比最多，达到43.3%，而相较于综合大学，医科大学共计51所，占比2.6%，其后依次是工科大学3所（14.6%），农科大学16所（7.1%），学艺大学10所（4.4%）等。[②]

日本的公立和私立大学与国立大学差异很大。前两者大多有自己的重点学科。而后者多为综合大学，共47所，而且占比达到65%。这种学科结构上的差别并不是偶然，是因为改革中的大量战前的单科专门学校被转为新制大学。[③]

战后日本高等教育体制中的重要组成部分为新制大学。它的学制为四年，但医学为六年。但是，在战前高等教育改组的过程中，很多大学因为办学质量差，教学质量低的原因，并不能成为本科大学。日本成立了短期大学这种新的机构来解决这种问题。专门学校、高等专门学校和短期大学这三类不同的机构组成日本的短期高等教育。它们自身成为一个系统，又并入日本高等教育的更大系统之中。

短期高等教育并非日本的首创，最早在经济合作与发展组织（OECD）的教育文件中就已经有所提及。在这一时期，日本将短期高等教育划为高等教育制度中的一个组成部分，意味着日本将采用与传统大学教育有所不同的新体制，短期高等教育与传统相比，学制一般为二到三年。[④] 进入短期高等教育

---

① 胡建华. 百年回顾：20世纪的日本高等教育[J]. 南京大学学报（哲学. 人文科学. 社会科学版），2001（4）：153-160.

② 胡建华. 百年回顾：20世纪的日本高等教育[J]. 南京大学学报（哲学. 人文科学. 社会科学版），2001（4）：153-160.

③ 胡建华. 百年回顾：20世纪的日本高等教育[J]. 南京大学学报（哲学. 人文科学. 社会科学版），2001（4）：153-160.

④ 卢宁，石伟平. 战后日本短期高等教育体系研究[J]. 高等教育研究，2009，30（09）：99.

机构也不一定需要参加完全的毕业考试，入学门槛更为宽松。短期高等教育是 20 世纪 60 年代成立的，在 1950 年，有 149 所短期大学开始招生。到了 70 年代，随着社会经济信息化和服务化的发展，日本社会对技术员和准专门职业者的需求也逐渐扩大，因此短期高等教育在这一时期也得到了发展。

短期大学的三个特点：第一个特点其中的大多数都是私立学校。短期大学绝大多数为私立短期大学。在 1959 年仍然保持高达 77.2% 的绝对优势。在学生数量的构成上，私立短期大学生在学生数量的构成上也占据绝对优势，1950 年占比达到了 85.9%，到 1959 年也只是下降到了 78.7%。可以想象，私立短期大学能在如此短的时间内迅速地繁荣起来，民间财力的作用功不可没。

第二个特点是短期大学往往具有文科的重点学科偏向。20 世纪 50 年代文学、法学、商学、经济学与家政学的在校生数量始终是短期大学中最大的一个群体。这几类文科专业的学生总数占比超过 80%。虽然从 1959 年开始有所下降，但在最低时也仍然高达 76%，保持着统治地位。与文科相比，理工农学科的学生少得离谱。这种悬殊的比例也在一定程度上反映了短期大学受经费制约的现状。这种情况形成的原因很大程度上是因为文科的办学经费远远低于理科。

短期大学的第三个特点就是性别比例的差距。虽然在短期大学产生的初期，男生占比为 59.4%，但这个比例从 1954 年起就不断下降。到了 1959 年，女学生数量的占比已经达到了 64.8%。20 世纪 60 年代后，这种女性化的倾向伴随着短期大学数量的增加越发明显。很多国家在高等教育大众化的过程中，也推行过短期高等教育制度，但往往都还要面临扩大高等教育规模和人们经济承受能力较低的矛盾。日本通过鼓励私立短期高等教育缓解了这一问题。战后日本高等教育改革的重心主要有两个。除了对办学结构的调整，转型新制大学和改革短期大学外，还有一个重点就是进行大学课程改革。这次课程改革对后续日本高等教育的发展产生了深远影响，可以说这次改革提出的理念为后续日本高等教育课程体系的建立打下了基础。这次课程改革的主要内容是提出了"一般教育"这一概念。在改革的过程中，日本大学逐渐提高"一般教育"的地位，赋予它和专门教育课程相同的重要性。

《大学设置基准》这一文件是在 1956 年由日本文部省提出的。它规定大学课程应按下图所示来进行设置。① 如图 1-2 所示。

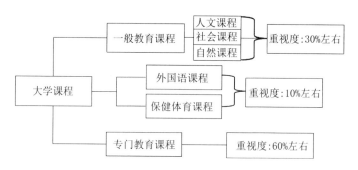

**图 1-2　1956 年日本大学设置基准课程类型**

如果说《大学设置基准》是指导日本大学进行课程改革的基础，那后续的二二分段制课程模式就是在这一基础上产生的。二二分制课程模式实施了近 40 年。它将整个大学的课程分为前后两段。前后段的时间均是两年。前两年称为一般教育，后两年成为专门教育。这一制度直到 20 世纪 90 年代初才逐渐被取代。

二战结束后，日本政府为了发展本国经济，决定经济发展的主要方向是农业和劳动密集型轻工业。这对劳动者文化素质的要求并不高，此前日本已经普及的九年制义务教育所培养的毕业生已经基本能满足社会需要。与之相对的，日本政府在这一时期并没有将教育改革的重点放在高等教育上，而是将重心放在了义务教育的普及上。经过了十年的努力，在 1955 年日本政府宣布"战后经济恢复期的结束"，从此之后的整个 60 年代，日本经济高速增长。为了顺应这一局势，日本的经济发展方向也从劳动密集型向资本密集型转变。

在 1955—1975 年的 20 年间，日本政府致力于产业转型和升级，产业结构以及不同结构对应的就业人员结构都出现了显著变化。在这 20 年间，第一产业迅速减少，而二三类产业扩大，由此对从业人员也提出了新的要求。随着第一产业的不断减少，从业人员的雇佣量也应该相应减少，另外两类则逐渐增加。② 以

---

① 胡建华. 百年回顾：20 世纪的日本高等教育[J]. 南京大学学报(哲学. 人文科学. 社会科学版)，2001(4)：153-160.

② 程水英. 从人力资本理论的视角看日本高等教育大众化[J]. 煤炭高等教育，2005(1)：90-92.

下是从 1955 年开始的 20 年间的就业人口统计数据(如表 1-1 所示)。

表 1-1　日本 1955 年—1975 年就业人口统计表

|  | 农业部门 | 生产、运输部门 | 商业、服务业部门 | 公务、技术、管理部门 |
|---|---|---|---|---|
| 1955 年 | 41.1% | 27.7% | 16.7% | 15% |
| 1975 年 | 12.5% | 37.8% | 22.9% | 26% |

相应的,随着二、三产业的不断发展,对高等教育毕业生的需求越来越大。随着日本经济的高速发展,接踵而来的是必然的产业转型。在这一过程中,整个日本社会都在需求更多专业技术和管理层人员,因此高等教育毕业生的就业规模也在逐步扩大。随着高等教育毕业生需求量的逐年增加和毕业生工作种类的增多,社会对高等教育的需求也越发扩大,高等教育就在这个过程中不断地发展。

在 20 世纪 60 年代的经济高速发展时期,为了响应和跟随产业转型升级带来的人员结构需求的变化,面对国内义务教育已经完全普及的现状,日本政府将教育改革的重点放在了高中教育上。高中教育的逐步普及使得上大学的学生也越来越多。这为高等教育的生源提供了必要的保障。此后的 10 年间,日本高等教育增长迅速,其规模迅速扩大。[1] 20 世纪 50 年代末至 20 世纪 60 年代末,日本高校的数量由原先的 350 所迅速增长到 820 所,在校生也由原先的 40 万,一跃增长到 150 万。[2] 进入 20 世纪 70 年代后,日本的资本密集型企业受中东石油危机的影响,受到了很大打击。为了缓解这种严酷的局面,日本开始尝试通过发展知识密集型产业来逐步取代受制于人的资本密集型产业。[3] 这种战略重心的转变大大促进了日本教育的发展,尤其是高等教育的发展。在这样的过程中,日本经济的发展通过对产业结构转型和就业人才需求的变化间接影响着整个日本教育界。就在这一时期,日本高等教育走向

---

① 马璨婧,马吟秋“双一流”建设背景下大学教学改革策略选择——基于日本“世界超一流大学”建设路径的启示[J]. 江苏高教,2018(8):25-29.

② 马璨婧,马吟秋“双一流”建设背景下大学教学改革策略选择——基于日本“世界超一流大学”建设路径的启示[J]. 江苏高教,2018(8):25-29.

③ 邵尚. 试析日本高等教育大众化的动因[J]. 长沙铁道学院学报:社会科学版,2011.

了大众化。而经济的发展也反过来为高等教育的发展提供了更好的条件，高等教育的价值也越发地被社会所认可。国民能够支付起高等教育经费的能力不断提升，这也表明日本国内越来越多的人能够有机会接受高等教育，高等教育越来越大众化。①

表 1-2　日本国民收入与拟升入大学者比对表（1965 年—1970 年）

|  | 日本的国民收入 | 高中升大学的志愿者数 |
|---|---|---|
| 1965 年 | 772 亿美元 | 38.28 万 |
| 1970 年 | 2 019 亿美元 | 49 万 |

可见，伴随着日本国民收入的增长，高等教育学生的数量也有所增加。

日本经济的高速发展与日本高等教育大众化之间呈现正相关趋势。前者对高等教育大众化有着重要的作用。而后者对日本经济的高速发展的积极影响也是显而易见的。1970 年，大学为日本产业界培养了超过三十四万的理工科大学生，已经达到人才培养的要求，保证了日本经济的发展。② 计划成立之初有关经济学人才奇缺的言论也逐渐退却。

日本政府的政策过于宽松，许多人指出日本政府是"放任、无计划无作为"的。这样的结果就是人才培养与社会需求脱节。尽管日本的私立大学是日本高等教育的主要结构，但日本政府并没有对私立教育有很多财政拨款。大多数的教育经费都拨给了国立和公立大学。以 1970 年为例，日本私立大学的办学经费中只有 7.2% 来自政府的拨款。③ 因此私立大学必须花更多的心思来保证自身的办学经费充足。这样的特点导致了私立大学的学科具有明显的偏向，许多新建立的私立大学相对于理工科专业来讲，更加重视人文和社会科学。因为前者培养经费更高。在 1979 年，日本拥有三百多所私立大学，其中

---

① 程水英. 从人力资本理论的视角看日本高等教育大众化[J]. 煤炭高等教育，2005(1)：90-92.

② 史亚杰. 日本的经济发展与高等教育大众化[J]. 外国教育研究，2002(12)：29-31.

③ 耿同劲. 欧美日大学经费来源差异及对我国的启示[J]. 山西财经大学学报(高等教育版)，2007，10(1)：64-67.

只有二十多所综合大学，而单科大学高达两百多所。① 这些单科大学只有大约五分之一是自然科学类大学，十分之一是医科类大学。日本的私立学校此前就具有重文轻理的特点，这无疑使得这种情况更为严重。这种人才结构的不匹配对经济的发展起到了一定的消极影响。

2. 不同时期主要高等教育政策举措

日本近代高等教育的发展是建立在咨询机构调查研究的基础之上，政府根据咨询机构的报告来修改和制定新的法令和政策。战后的《教育基本法》《大学设置基准》等法规就是最有特点的例子。《教育基本法》的提出依据委员会提供的报告，立法者是政府，制定出了"新制大学"的改革方向。②《大学设置基准》的调查报告来自大学审议会，立法者和修订者都是文部省，由各大学具体实施改革。各个大学和政府之间多方的参与保证了这一机制的民主性和公开性。

（1）1945—1955 年战后经济恢复下的日本高校改革

从 1945 年 9 月二战结束到 70 年代中期，日本的发展战略一直受到美国的影响，逐渐缩小了与以美国为首的发达国家的距离。到了 20 世纪 80 年代，日本已经成了世界第二大经济体，经济发展水平和科技发展水平几乎与美国相仿。但到了 20 世纪 90 年代，日本沿用多年的经济发展模式和配套的教育体制在信息化时代面前受到了挑战。因此，日本把"科学技术立国"方针转换为"科技创新立国"，日本经济发展的目标逐渐向独立创新发展。传统的欧美发明、日本这种以制造为主的经济模式必须被改革。具体而言，就是日本开始了第三次教育改革，对大学办学的个性化、综合性和国际化提出了新的要求。1956 年日本文部省提出了改革方案主要是《大学设置基准》。这份方案主要针对当时的大学课程，其中最重要的内容就是建立了"新制大学"。即把曾经的"二·二分段制"改为四年一贯制。开办四年本科和两年的短期大学。③ "二·二分段制"是把本科的四年课程分为两年一组，对应专业教育课程和普

---

① 赵秀侠. 战后日本大学体制改革研究［D］. 河海大学，2006.

② 赵为，温凤媛. 日本高等教育发展特点及其启示［J］. 内蒙古师范大学学报（教育科学版），2004，17（3）：15-17.

③ 李兴业. 美日法三国名牌大学本科生课程体系改革及启示［J］. 武汉大学学报：哲学社会科学版，2002（4）：502-509.

通教育课程，采取不同要求的一种模式。日本的国立大学都普遍采用"二·二分段制"模式。这种模式的原型在二战前就有。① 战前的高等教育机构尤其杂乱，有各种各样的形式。包括大学、高等学校和专门学校等。到了 20 世纪 60 年代，许多国立大学设立了教养部，"二·二分段"模式也由此被完全固定下来。因为许多国立大学设立了正式专门的教养部，来专门管理普通教育。②

尽管大学课程改为"二·二分段制"，但课程分类仍然和《大学设置基准》修订前相同，分为专业教育、普通教育、外国语和保健体育四大类。其中普通教育课程又细分为人文、社会和自然科学三大类。学生进入大学后首先进入教养部接受为期两年的普通教育、外国语和保健体育课程。按要求完成普通教育所需的学分后才能按照各自所选的专业进入"学部"，学习专业课程。这样的新制大学"二·二分段"也有少量意外，入学前两年，有些专业的小部分专业课程也会在这个时间内开设。《大学设置基准》对学分也进行了规定。所有大学都要遵守最低 124 分的毕业所需学分的要求。③ 其中普通教育课程 36 学分，外语课程 8 学分，保健体育课程 4 学分，专业课程 76 学分。④ 新制大学"二·二分段"在实行过程中也显露出了一些问题，随着社会的不断发展，已经不能适应社会需求。在实行四十年后，如名古屋大学 1994—1995 年自我评价报告书中所指出的那样，它主要存在以下几个方面的问题。⑤

第一，新制大学在课程要求方面过于死板，它要求统一普通教育课程。几乎所有学生必须在入学前两年接受教养部的普通教育。而普通教育对不同专业的学生做不到因材施教。因此，对普通教育课程，不同的学部和专业的学生选的是内容基本相同⑥。

第二，普通教育中的教学和研究相脱离。究其原因，主要是因为普通教育与专业教育彼此分离导致的。⑦ 大学教师应该教学科研两不误。在开展教学

---

① 胡建华. 面向 21 世纪的日本大学课程改革[J]. 高等教育研究，1998(2)：94-97.
② 胡建华. 面向 21 世纪的日本大学课程改革[J]. 高等教育研究，1998(2)：94-97.
③ 胡建华. 面向 21 世纪的日本大学课程改革[J]. 高等教育研究，1998(2)：94-97.
④ 王伟群. 创新教育视野下高等学校课程体系的研究[D]. 2005.
⑤ 胡建华. 面向 21 世纪的日本大学课程改革[J]. 高等教育研究，1998(2)：94-97.
⑥ 张爱梅，刘卫萍. 略论二战后日本大学课程改革的发展与特点[J]. 日本问题研究(4)：56-58.
⑦ 胡建华. 面向 21 世纪的日本大学课程改革[J]. 高等教育研究，1998(2)：94-97.

工作的同时，必须进行科学研究，学问领域的存在是大学系科的设置的基本前提。在"二·二分段"模式下，作为教养部与之相对应的学问领域并未形成，最突出的表现就是教养部的设置以实施普通教育为唯一目标；教养部负责新生普通教育的教师基本以教学为主，少有能把教学与科研相结合的教师。[①]

第三，教养部的统一教学忽视了学生的主体性。对于专业课程和普通课程的强制分离使得一些对专业课程更感兴趣的学生积极性不高。普通教育课程的大课教学、与高中教育内容有所重复的特点使这个问题更加严重。

第四，大学课程缺乏整体和系统性。[②] 普通教育课程与专业课程相差很远，彼此之间缺乏联系。尤其是因为普通教育课程与专业课程的脱离导致大学的课程体系很难成为一个整体。二·二分段制实行数十年，为日本大学带来了重视基础课程和关注学生理解能力、思考能力、表达能力的特点和风气。但是在这样的分段教学中，普通课程和专业课程的互相割裂也使得学生对知识整体性把握不足。解决这些问题，二·二分段制的改革可以说是必然。

（2）1956—1972 年经济高速增长下的日本高校改革

日本在战后迅速恢复了战前的经济水平。从 20 世纪 50 年代末开始，日本经济进入了迅速发展的阶段，在 20 世纪 60 年代日本的经济发展达到了高潮。这一时期日本政府制定了《国民经济倍增计划》，每年经济规模的增长率接近 10%。在这一计划的指导下，这一经济高速发展时期，日本高等教育的发展主要体现在数量增长和结构变化两个方面。

从 1960 年开始的十年间，伴随着经济的高速发展，日本高等教育的规模也逐年提高，教育机构的数量增幅超过 75%。具体如表 1-3 所示。

表 1-3　1960 年—1970 年日本高等教育变化趋势

|  | 短期大学数量 | 大学生数量 | 在校生数 | 高等教育入学率 |
|---|---|---|---|---|
| 1960 年 | 280 所 | 20.5 万 | 71 万 | 10.3% |
| 1970 年 | 479 所 | 46.8 万 | 168.5 万 | 24.0% |

① 胡建华. 面向 21 世纪的日本大学课程改革[J]. 高等教育研究，1998（2）：94-97.

② 胡建华. 面向 21 世纪的日本大学课程改革[J]. 高等教育研究，1998（2）：94-97.

20世纪60年代初，日本经济快速增长，当时的高等教育还处于精英阶段；后来高等教育从20世纪60年代中期开始发生结构变化，向大众化阶段过渡。可以看出经济的高速增长与高等教育的发展有着直接关系，经济的高速增长使得专门人才的需求大大增加，国民收入提高后对教育的投资意愿也变强，这使高等教育的发展成了社会的需求。这十年，学校规模不断扩大，私立大学的增长比公立和国立大学更为迅猛。数据显示，在20世纪60年代，私立大学数量的增长速度几乎是公立大学和国立大学的两倍。学生数目方面也不例外，甚至私立大学的增长比例与国立和公立相比达到了惊人的三倍。到了1970年，不论是在学校还是学生数量上私立学校占所有大学的比例都已经超过了75%。可见这一时期，日本私立高等教育在高等教育大众化的过程中起到了非常重要的作用。[①]

于1960年发表的《关于十年振兴科学技术基本方案的报告》和国民所得倍增计划中都提到了应当扩招理科专业学生，包括大学和短期大学的在校生，来应对可能出现的人才缺口、保证科学技术发展。[②] 这一计划预测到了1962年，日本将有8 000名科研人员的缺口。对此，日本政府采取了在1958年到1960年的三年中试行扩招计划的对策。在《国民收入倍增计划》中，池田内阁根据自身的经济发展现状对未来的人才缺口进行了预测。报告指出，在施行这一计划的十年间，日本将面临高达17万的科技相关人员缺口。[③] 因此文部省提出从1961年开始，每年对理工科专业的学生扩招1.6万人。即使如此，这一预测仍然显得有些保守，随后这一计划又修改为每年扩招两万人。这些有计划的培养目标使得日本有了比较充足的理工科人才储备，保证了经济高速发展的需要。

在经济飞速发展的要求之下，日本的高等教育规模也大幅度提高。统计如表1-4所示。

---

① 周晓虹，阎菲. 美日私立高等学校政府投资政策对我国财政投入非公立高等教育的启示[J]. 中小企业管理与科技(上旬刊)，2015(5)：218-219.

② 李中斌. 人力资源管理系统论[M]. 北京：中国言实出版社，2008.

③ 史亚杰. 日本高等教育大众化的因素分析研究[D]. 东北师范大学，2002.

表 1-4　1960 年—1970 年日本的大学在校生对比

| | 1960 年 | 1970 年 |
|---|---|---|
| 日本大学理工科在校生/人 | 108 778 | 325 745 |
| 短期大学工科在校生/人 | 9 200 | 21 799 |

在 1963 年，日本高等教育已不再停留在精英阶段。其毛入学率已达到 15.4%；1965 年学生数进一步增加到 100 万，1975 年学生数则超过了 200 万。1965 年适龄青年进入大学和短期大学的比率上升到 17%；1975 年适龄青年进入大学和短期大学的比率则上升到 37.8%。[①]

在当时，日本理工科学生与文科学生的比例约为 1.3∶2，而欧美发达国家同期比例一般在 2∶3 到 1∶1 之间。因此，增加理工科毕业生的数量成为至关紧要的问题，在日本经济高速增长的情况下，日本政府制定了一系列政策为了保证人才供应。1960—1970 年的十年间，工学类学生占比则从 15.4% 上升到 21.1%，而文科学生占比从 15.4% 降低到了 12.7%。[②] 除了文科和理工科学生比例的变化，一种新的高等教育机构——高等专门学校随着经济的高速发展，应运而生。战后日本把高等教育机构合并改组为新制大学，包括大学和短期大学。[③] 重文轻理的短期大学已越来越不能适应日本经济的发展要求。因此文部省设立了工科高等专门学校。这类学校面向初中毕业生，通过五年一贯制的教育年限合并了中等教育和高等教育。[④] 高等专门学校与短期大学最主要的区别在于教育权的持有者不同。而且大学和短期大学多为私立，而高等专门学校的教育权则多被掌握在政府手中。

（3）1973—1991 年经济低速增长下的日本高校改革

进入 20 世纪 70 年代后，日本经济发展增速开始放缓。文部省于 1991 年

①　史亚杰. 日本高等教育大众化的因素分析研究[D]. 东北师范大学，2002.
②　胡建华. 百年回顾：20 世纪的日本高等教育[J]. 南京大学学报(哲学. 人文科学. 社会科学版)，2001(4)：153-160.
③　胡建华. 百年回顾：20 世纪的日本高等教育[J]. 南京大学学报(哲学. 人文科学. 社会科学版)，2001(4)：153-160.
④　林晓霞. 关于日本高等教育质量保证机制改革的初步研究[D]. 福建师范大学，2003.

7月修订了《大学设置基准》，在此之后，日本进行了战后的第三次高等教育改革。[①] 在这一时期，日本人口开始逐渐减少，而社会开始向信息化迈进。因此有必要修订高等教育的指导思想，实现高等教育管理的多样化，将权利逐渐下放到各个大学自身以培养更有个性化发展潜力、具有终身学习思想的学生。[②] 为了实现这一目标，文部省大幅度修改了《大学设置基准》中有关大学的课程设置、毕业条件、教学方法等规定，各大学尤其是国立大学根据《大学设置基准》，进行了多种改革的尝试。[③] 经过战后几十年的经济发展和教育发展，到20世纪80年代末日本已经成了教育大国，在世界高等教育的排名中靠前。截至1990年，日本高等教育机构数量如表1-5所示。

表1-5　日本高等教育机构数量

| 总数 | 大学 | 短期大学 | 高等专门学校 | 在校人数 | 高等教育入学率 |
| --- | --- | --- | --- | --- | --- |
| 1 162 所 | 507 所 | 593 所 | 62 所 | 263.2 万人 | 36.3% |

经过了20世纪70年代的高速发展，日本的经济发展逐步放缓，经济形势逐渐严峻。由于日本面临人口缩减的严峻态势，尽管高等教育的规模一直在发展扩大，但适龄学生的数量却在下降。因此，修订的重点主要是建立一个参照系，引入大学自我评价体系，适应终身教育的发展。这个"大纲化"是指对原《大学设置基准》中详细的条文规定进行简化，用思想上的指导取代详细的具体要求，允许大学自行设置课程以满足现代化的多样需求。在权利下放之余，也要建立完善的大学自我评价制度，来保证教学质量。从此，日本的高等教育的重心由规模建设进入更重视质量的时代。随着信息化时代的到来，新的修订内容为了适应终身教育的发展，也增加了一系列新的条文。此次修订将对传统正规高等教育之外的各种其他教育形式的规定更改得更加灵活，引领日本向终身教育思想过渡。

---

① 吴建芳，赵正. 大学课程改革的国际比较研究[J]. 煤炭高等教育，2005(4)：50-52.

② 沈美华. 战后日本大学的改革和发展[J]. 山东师范大学学报(人文社会科学版)，2008(4)：143-147.

③ 胡建华. 面向21世纪的日本大学课程改革[J]. 高等教育研究，1998(2)：94-97.

改革的具体措施集中在下面几个方面：第一方面是大学课程的改革。这个方面的改革主要是将"二·二分段"制变为"四年一贯"制。在以前的"二·二分段"制中，学生在大学四年的课程将被分为两个部分，即两年一般教育和两年专门教育。① 但是在"二·二分段"制施行了近四十年之后，它的问题也开始渐渐显露出来，如两年一般教育往往教学和研究相脱离，各个不同机构过分追求统一性而放弃了整体性和系统性。四年一贯制的改革就是为了打破这种一般教育课程同专门教育课程相分离的状况，将两者合二为一。除此之外，大学在课改中还自主添设了许多新课程，这些新类型课程的设置体现出了大学综合化的趋势。第二方面的改革措施是对研究生教育进行改革。研究生教育一直是日本高等教育中相对薄弱的一环，长期以来，日本的研究生教育都毫无特色，与其他发达国家的研究生教育相比，差距非常大。除了研究生教育的质量，在研究生教育的规模方面，日本与其他发达国家的距离也很大。例如在 20 世纪 80 年代末期，美国的研究生占本科生的比例为 15.6%，每一千人口中研究生在校生平均数量为 7.1 人。而日本的同期比例只有 4.4%和 0.7 人。其他的发达国家如英国、法国在这两项数据上也都远远超过了日本。对此日本采取了"先量后质"的战略，从 20 世纪 90 年代开始，一系列与放宽研究生教育入学要求的改革，由文部省率先出台了——从招生入手扩大研究生教育规模。② 此外，已有的研究生教育形式和教育年限也都被放宽，非全日制的研究生教育开始被设立起来。③ 随后日本的研究生教育也逐渐走向正规化和现代化，例如设置专门的研究生院等。本次改革的最后一方面是有关于大学管理制度的改革。20 世纪 90 年代初以来，如何调整和平衡大学自治与社会变革的关系一直是日本大学管理体制改革的重点。④ 必须充分协调大学内部不同组织结构之间的关系，以明确大学自身的决策和实施过程；一边还要

① 裴晓兰. 日本大学教育课程改革聚焦复合型人才培养[J]. 上海教育，2011(19)：21.
② 胡建华. 百年回顾：20 世纪的日本高等教育[J]. 南京大学学报(哲学. 人文科学. 社会科学版)，2001(4)：153-160.
③ 胡建华. 百年回顾：20 世纪的日本高等教育[J]. 南京大学学报(哲学. 人文科学. 社会科学版)，2001(4)：153-160.
④ 胡建华. 百年回顾：20 世纪的日本高等教育[J]. 南京大学学报(哲学. 人文科学. 社会科学版)，2001(4)：153-160.

平衡学校与学生的关系以及大学与社会的关系，增大大学办学的自治权和透明度。具体的手段包括设立更多的管理层人员并赋予他们权限，尽量将办公手续以及会议内容进行精简以达到提高效率的目的等等。① 在大学的管理上更加明确各个部门的权责来加强管理。此外在校外方面，大学也有义务定期向社会报告改革和发展的最新进展，并且与此同时要积极听取外界的意见。高校有义务通过定期调查等方式积极听取学生的意见，在学校教育科研实践工作中体现学生的需求。

大纲化的指导思想也针对学生修养和综合能力提出了新的要求，用对大学课程编排的简介要求来实现学生在掌握相关专业技能时也要保持自身修养和个性化发展的目的。这次修订为改革二·二分段制，向四年一贯制发展提供了法律基础。此外这套方案还确定了四年一贯制的课程安排细节，包括新的课程种类以及相关的与课程体系配合的新教学系统的设计。四个部分会被包含在课程体系改革中，即第一是专业类课程；第二是主题课程；第三是开放课程；第四是语言文化综合课程。特别需要说明的是，专业类的课程包含了五种课程：①专业课；②相关专业课；③A类专业基础课；④B类专业基础课；⑤研讨课。其中前三种由各个学部按学科设置，后两种为公共课。②

五门专业课程的排列顺序反映了课程专业化程度的逐步下降，其中专业课程、相关专业课程和专业基础课程A全部属于各院系的课程；而另外两个类别则是学校公共课程的一部分。这些基础课程的重要性在于通过基础课堂对学生达到教育引导的作用。以学生为主体，作为一年级的必修课，为其进入专业学习做准备，班额一般较小，人数在25人以下。

而第二类的主题课程，则属于全校公共课程，通常会将主题课程分为两类：①基本主题课程；②综合性课程。需要特别说明的是基本主题课程会围绕着三个主题进行：科学与信息；世界与日本；健康与体育。③ 在这三大类主题之下又有分支主题，围绕分支主题可以开设一系列新的课程。这样的课程

① 胡建华. 百年回顾：20世纪的日本高等教育[J]. 南京大学学报（哲学. 人文科学. 社会科学版），2001（4）：153-160.
② 李兴业. 美日法三国名牌大学本科生课程体系改革及启示[J]. 武汉大学学报：哲学社会科学版，2002（4）：502-509.
③ 周宏. 教育新理念第二卷[M]. 北京：中央民族出版社，2008.

设置有助于培养更能适应国际化、信息化时代的学生。1994 至 1995 年名古屋大学开设的基本主体课程有 53 门。主题课程的综合课程是针对大学二、三、四年级开设的，通过对课程内容的全方位综合和师资力量的跨学科综合来培养学生的综合能力。直到 1994 年，在名古屋大学全校已经开设了 21 门综合课程，课程分布在研究中心、五个研究所以及八个学部。全部的学部和研究所参与综合课程的开设与教学工作是名古屋大学的硬性要求。①

学生自主学习的要求同样被重视，为了满足此类需求，各个大学还开设了许多开放课程。开放课程具有更加多样的学习环境。但是开放课程在分类上仍然属于专业课程，所以与公共课有所不同，不允许跨专业选修。在 1994 年，开放课程就达到了 46 门，来自七个学部，一般都为 2 学分。

由于修业年限变为四年一贯的制度，因此，所有类型的课程都被重新分类为科学系课程和公共课程。由于课程体系改革后，没有专门负责普通教育课程的教育部门。但是，由于公共课程教学没有新的组织形式，如何组织好各部门和所负责的全校公共课程，已成为四年制改革的关键。

以名古屋大学为例，其建立了全校公共课程教学计划管理制度以用于解决这一问题，该委员会制度由不同学校部门和机构的教师组成，这也是该委员会制度的特点所在，并且有任期限制。② 名古屋大学改革的最高指导的领导结构是"全校四年一贯教育委员会"。这个委员会的委员都是校长和学部长、研究所长等高层管理人员。③ 在这个委员会之外，名古屋大学还成立了一个为期四年的两年一次的公共课程教师会议，会议的主要内容是讨论公共课程的教学计划，统一公共课程的教学指导思想，以这两个委员会为核心，在专门委员会之下和各级委员会之外，其学校行政管理机构还设置了"公共教育室"来指导和负责全校的公共课教学。④

虽然一直到 20 世纪 90 年代初，"四年一贯"制的课程改革才开始在日本的各个大学施行，但 20 世纪 60 年代末的日本大学生运动几乎影响了整个日

---

① 李兴业. 美日法三国名牌大学本科生课程体系改革及启示[J]. 武汉大学学报：哲学社会科学版，2002(4)：502-509.
② 胡建华. 面向 21 世纪的日本大学课程改革[J]. 高等教育研究，1998(2)：94-97.
③ 胡建华. 面向 21 世纪的日本大学课程改革[J]. 高等教育研究，1998(2)：94-97.
④ 胡建华. 面向 21 世纪的日本大学课程改革[J]. 高等教育研究，1998(2)：94-97.

本，震惊了整个日本社会。[①] 学术界和社会各界开始讨论大学改革的细节，在提出的数百项大学改革方案中，大学课程改革是改革的核心。1969 年，"名古屋大学改革方案研究委员会"在名古屋大学成立了，第一份报告于次年 1 月提交。报告强调，通识教育在大学中必须持续四年，职业教育和通识教育不能分开。在 1972 年 1 月，名古屋大学还成立了"教育和研究学术问题研究委员会"，两年后提交了一份关于普通教育课程改革的报告，其中提到了四年制大学教育。

此外，在课程改革的具体内容上，通识教育的组织也进行了改革。例如，外语教育机构和体育机构独立于普通教育部，成为普通教育"语言文化部"和"综合健康和体育科学中心"。[②] 但是这场旷日持久的讨论持续到 20 世纪 80 年代末，始终没有大规模实行，除了几个零星改革试点，可以说是停留在讨论阶段毫无进展。

文部省的《大学设置基准》在 1991 年，对课程设置方面的规定进行了相关修改。[③] 文部省将以前规定大学必须设置专业教育课程以及普通教育等的要求取消。[④] 政府逐渐放权给大学自身，只对大学课程的办学思想有所规定，允许大学自己编排课程。[⑤] 这些改动使得大学在安排课程时可以放开手脚，更加灵活。一年后，在教育部第三次改革研讨会上，名古屋大学成立了课程改革特别委员会。该部门在过去四年一直关注名古屋大学的教育理念和目标、旧课程的改革和新课程的开设。全校信息化教务管理系统的建立都做了详细的讨论，并在 1993 年 2 月提出了指导课程改革的最终报告书。随后在 2 月，"全校四年一贯教育委员会"在名古屋大学正式成立，该机构是领导全校进行课改的指导机构，这一委员会下面还有"四年一贯教育计划委员会"，负责具体的新课程计划的编写。紧跟着在下一次日本高校学年的开始，名古屋大学的所有专业都正式施行了"四年一贯"制度。

---

① 李嘉慧. 20 世纪 90 年代日本大学课程改革对我国高等教育的启示[J]. 西部素质教育，2020 (10)：23-25.

② 胡建华. 面向 21 世纪的日本大学课程改革[J]. 高等教育研究，1998(2)：94-97.

③ 周宏. 教育新理念[M]. 第二卷. 北京：中央民族出版社：2008.

④ 周宏. 教育新理念[M]. 第二卷. 北京：中央民族出版社：2008.

⑤ 王晨光. 大学课程治理问题研究[D]. 上海师范大学，2009.

## 二、日本高校经济学专业类型的产生与发展

### (一) 日本高校类型

二战前的日本与作为现代大学的发祥地的欧洲相似，后者早期"大学"的称呼只允许有自治权、学位授予权的高等教育学校使用。① 在教学质量、结构形态和社会职能等方面，战前日本的高等教育机构中拥有学位授予权的都是非常相似的。② 但在二战后这一情况发生了巨大变化。只要是针对高中毕业生，学制是超过四年的，不具有权授予学位的高等教育学校也都被称为"大学"。③ 尽管日本文部省制定了《大学设置标准》，但因其只对最低要求进行了规定，使得后来日本大学的专业水平和形态的广泛性得到更深的发展，这其中含有庞大数量的无权授予学位的高等教育机构。④ 因此，较同期的欧洲各国的大学数量，日本的数量更为庞大。⑤

在这样的历史背景下，对日本多样化的高等教育机构的分类就显得尤为重要。目前对日本大学进行分类的标准主要从研究职能入手。其主要指标有以下几个：①研究生教育的开设情况，包括学科的有无、硕士博士课程的设置等；②研究生院是否具有科研能力，具体包括研究生与本科生的数目之比等；③大学的组成形态。日本高等教育的科目组成可以概括为人文、社会、自然、医疗四个系，囊括了其中三个或全部的一般称为"综合大学"，拥有两个系的一般称为"双科大学"，只有一个的叫"单科大学"。目前日本大学一般分为以下五个类型，如表1-6所示。

① 天野郁夫，陈武元. 试论日本大学分类[J]. 复旦教育论坛，2004(2)：5-10.
② 天野郁夫，陈武元. 试论日本大学分类[J]. 复旦教育论坛，2004(2)：5-10.
③ 天野郁夫，陈武元. 试论日本大学分类[J]. 复旦教育论坛，2004(2)：5-10.
④ 刘树范. 日本大学的类型及其比较研究[J]. 黑龙江高教研究，1993(1)：69-73.
⑤ 刘树范. 日本大学的类型及其比较研究[J]. 黑龙江高教研究，1993(1)：69-73.

表 1-6　日本大学类型①

| 大学类型 | 特征 |
|---|---|
| 研究型大学 | 拥有学位授予权，承担重要的研究职能。研究型大学的所有学部都设置博士课程和研究生院，且研究生与本科生的比值较高 |
| 研究生院大学 | 拥有学位授予权。在大多数学部都设置了博士课程研究生院，但研究生与本科生之比低于研究型大学 |
| 准研究生院大学 | 有学位授予权，只在一部分学部设置了博士课程研究生院，同时研究生与本科生之比更低 |
| 硕士大学 | 只设有硕士课程研究生院 |
| 学部大学 | 只有本科生，不设有研究生院 |

1979 年日本拥有大学 443 所，而到了 2018 年这个数字已经超过了 1 200 所。

目前，官方的全国大学排名并未被日本政府公开，一般按地区分类，以各地区内的各大学偏差值的高低为进行大学排名的标准。

超级国际化大学计划(スーパーグローバル大学创成支援事业)是日本文部省 2014 提出来的。② 它的目标是促进日本国内一流的大学进行创新。从而形成具有国际竞争力的教育环境和培养出色的国际人士。参与此计划的日本高校有 37 所，分为 A(顶尖型)B(国际化牵引型)两类。其中前者有 13 所后者有 24 所，具体名单如表 1-7 所示。

---

① 刘树范. 日本大学的类型及其比较研究[J]. 黑龙江高教研究，1993(1)：69-73.

② 齐小鹂，唐志勇，高素兵. 日本"超级国际化大学计划"：背景、内容、特点及启示[J]. 世界教育信息 2018(14)：61-66.

表 1-7 超级国际化大学计划参加大学名单

| 类型 | 学校 |
|---|---|
| A 类大学<br>（顶尖型） | 东京大学、京都大学、北海道大学、东北大学、筑波大学、东京医科齿科大学、东京工业大学、名古屋大学、大阪大学、广岛大学、九州大学、庆应义塾大学、早稻田大学 |
| B 类大学<br>（国际化牵引型） | 千叶大学、东京外国语大学、东京艺术大学、长冈技术科学大学、金泽大学、丰桥技术科学大学、京都工艺纤维大学、奈良尖端科学技术大学院大学、冈山大学、熊本大学、国际教养大学、会津大学、国际基督都大学、芝浦工业大学、上智大学、东洋大学、法政大学、明治大学、立教大学、创价大学、国际大学、立命馆大学、关西学院大学、立命馆亚洲太平洋大学 |

日本民间也存在许多对国内大学的排名分类。其中最广为流传的一种分类与"超级国际化大学计划"类似，用 S、A、B、C、D 等字母来对大学进行分类排序。所有民间排名都毫无疑义的是最优秀的等级（SS 级）是东京大学与京都大学两所国立大学。此外，根据东洋经济周刊于 2017 年发表的《2017 年度真正强大的大学》（《本当に強い大学 2017》）一书来看，日本的大学被从大学的教育力度、就业、资金、国际声誉等维度进行全方位的阐述，将日本大学大体分为三类：教育和科研好的大学，生源适合搞科学或学术研究的学生；就业优势大的学校，适合考虑留在国内工作的学生；全球声誉好的大学，适合倾向于全球交流的学生。[1]

除了以上分类，以教育权归属为分类标准，日本大学可以分为三类：国立大学、私立大学和公立大学。[2] 虽然国立大学由日本政府直接投资与管理，但国立大学仍然具有较高的自主权。国立大学在许多民间排名都名列前茅，相对于欧美的同层次大学和日本国内的私立大学而言，日本国立大学学费一般更为低廉（统一为每年约 53 万日元）。

各级地方政府投资与管理公立大学，大部分都、道、府、县都至少拥有

---

[1] 週刊東洋経済 臨時増刊 本当に強い大学 2017[M]. 東京：東洋経済新報社，2017.

[2] 週刊東洋経済 臨時増刊 本当に強い大学 2017[M]. 東京：東洋経済新報社，2017.

一所，普遍规模较小。学费比较低廉，单科大学或中小型综合大学是其构成部分。在录取要求方面，较于国立大学而言，大多数公立大学往往知名度并不突出，因此录取要求要更低。但也有公立大学受地理优势等因素影响，竞争十分激烈。

民间财团出资运营的私立大学，目前在全国大学所占的比例超过 77%。尽管日本民间的综合排名的前几位都是国立大学，早稻田大学、庆应义塾大学这样的私立大学佼佼者仍是存在的，不论从规模还是学术水平来说都毫不逊色。① 这样的优秀私立大学的入学难度非常高，因此也被称为"难关大学"。

### (二) 日本高校偏差值

在高校入学方面，日本的偏差值教育是通过考试制度进行中等教育与高等教育的衔接，按照一定的层次把不同水平的学生进行分配，我国的应试教育也大概如此。② 由于分数直接决定高中生能否上、上什么样的大学，因此提升学生的偏差值被当作日本中学教育的核心目的。偏差值赋分的计算是通过求学生某科目成绩与该科目平均成绩的差，再通过将这个差乘以 10 后加上 50 来获得一个可以用于比较的合适大小。这个换算是根据正态分布理论，把所有考生看作一个符合正态分布的集合，单个考生则是正态分布中的一个点得来的。根据比较偏差值可以确定该考生位于整个群体中的相对位置，来判断其学习能力的高低。偏差值也是日本各高校录取学生的重要依据之一。

日本在二战结束后实施"能力主义教育政策"。③ 该政策采用全国中学生学力统一考试，标志着以偏差值为学生考核标准的开始。④ 而严格的以分数为重的选拔机制则在二战前就已经被确定了。

1961 年，由文部省首先在初等教育阶段，组织了全国中学生统一学力考试，随后被应用到大学升学考试中，对整个日本教育升学体系都产生了影响，也引发了一些社会问题。⑤

20 世纪 60 年代后，日本的经济飞速增长，成了第二个完成了高等教育大

① 週刊東洋経済 臨時増刊 本当に強い大学 2017[M]. 東京：東洋経済新報社，2017.
② 刘清华. 日本的偏差值教育与高校招生考试制度改革[J]. 外国教育研究，2006(10)：35-41.
③ 刘清华. 日本的偏差值教育与高校招生考试制度改革[J]. 外国教育研究，2006(10)：35-41.
④ 刘清华. 日本的偏差值教育与高校招生考试制度改革[J]. 外国教育研究，2006(10)：35-41.
⑤ 刘清华. 日本的偏差值教育与高校招生考试制度改革[J]. 外国教育研究，2006(10)：35-41.

众化的国家。① 到了 20 世纪 70 年代，受石油危机等因素影响，这一增长态势有所减弱。在此过程中，偏差值教育也在不断强化和发展，考试竞争一直十分激烈。为了应对这一问题，日本从 20 世纪 70 年代起推动了第三次教育改革。这次教育改革的主要目标是引导学生走向更加个性化、多样化的道路，丰富评价体系。但进入 20 世纪 80 年代，成效并不显著。这一时期伴随着日本"泡沫经济"解体等因素，校园暴力、迟到旷课等现象反而增多。因此，为了达到"大学入学资格自由化和弹性化"的目的，文部省又对国立学校设置法再次进行修订。② 该法修订之后，国立公立大学开始以多次考试、多样审核等手段增加考生的选择升学的机会。

日本通过 20 世纪 90 年代成立的终身教育审议会和 2000 年成立了教育改革国民会议这两个组织对教育改革计划进行修订。③ 虽然修订并没有彻底解决长久以来的教育问题。总体来说，日本偏差值的教育发展受东亚"科举文化圈"的影响，发源于二战前的特殊时期，根本上就具有高度选拔性竞争性的性质，具有鲜明的时代特点。从客观上来说，日本进行的高考制度改革并没有彻底解决高度竞争性带来的教育价值观的偏离，而这种招生考试也的确为学校教育、国家经济发展做出了贡献。经历了多年的改革，日本的招生考试的多元化发展趋势正式始于从 20 世纪 90 年代，大学在招生中不但要求学力（偏差值），也越发看重其他各项能力。

**(三) 经济专业类型**

日本的偏差值教育自二战后施行至今，可以说是日本大学入学考试录取最大的特点之一。尽管随着多轮改革，高校招收学生也越发注重学生在分数之外的其他能力，但日本高考的偏差值仍然是最具参考价值的一个要素。每年日本大学都会发布各个专业对学生偏差值的要求，其中 2019 年日本高校经济专业偏差值大于等于 70 的院校如表 1-8 所示。

---

① 刘清华. 日本的偏差值教育与高校招生考试制度改革[J]. 外国教育研究，2006(10)：35-41.
② 刘清华. 日本的偏差值教育与高校招生考试制度改革[J]. 外国教育研究，2006(10)：35-41.
③ 刘清华. 日本的偏差值教育与高校招生考试制度改革[J]. 外国教育研究，2006(10)：35-41.

表 1-8　2019 年日本高校经济专业偏差值大于等于 70①

| 大学名称 | 偏差值 | 办学主体 |
|---|---|---|
| 早稻田大学 | 78 | 私立 |
| 东京大学 | 76 | 国立 |
| 庆应义塾大学 | 76 | 私立 |
| 京都大学 | 75 | 国立 |
| 明治大学 | 74 | 私立 |
| 上智大学 | 74 | 私立 |
| 大阪大学 | 73 | 国立 |
| 青山学院大学 | 73 | 私立 |
| 同志社大学 | 72 | 私立 |
| 立教大学 | 72 | 私立 |
| 神户大学 | 71 | 国立 |
| 中央大学 | 71 | 私立 |
| 名古屋大学 | 70 | 国立 |
| 法政大学 | 70 | 私立 |
| 关西学院大学 | 70 | 私立 |
| 立命馆大学 | 70 | 私立 |

　　日本高校按办学主体可以分为国公立、私立大学两大类。因此本书选取的研究目标从办学主体和偏差值两个维度入手，选择了以下国公私立六所大学。其中国公立大学按偏差值排列如表 1-9 所示，私立大学按偏差值排列如表 1-10 所示。

---

　　①　みんなの大学情報［EB/OL］. https：// www. minkou. jp/university/ranking/deviation/？ from = singlemessage.

表 1-9　国公立大学偏差值排名表①

| 大学名称 | 偏差值 | 专业名称 |
|---|---|---|
| 东京大学 | 76 | 经济学部 |
| 九州大学 | 69 | 经济学部 |
| 长崎大学 | 58 | 经济学部 |

表 1-10　私立大学偏差值排名表②

| 大学名称 | 偏差值 | 专业名称 |
|---|---|---|
| 早稻田大学 | 78 | 政治经济学部 |
| 福冈大学 | 63 | 经济学部 |
| 帝京大学 | 52 | 经济学部 |

由于其可量化性，偏差值的排名是高校与其专业排名的最重要的因素之一。例如九州大学 2018 年各专业的偏差值在 63 到 74 之间，近年来其经济学部的偏差值在 67 到 69 之间浮动。

由于日本官方没有全国高校排名和研究性的分类，因此本书参考了民间、媒体排名等因素，按经济专业偏差值在 50 至 60、60 至 70、大于等于 70 分为三类。文中依据偏差值教育的特点将这三类依次称为应用型、普通型、研究型大学。

---

① みんなの大学情報［EB/OL］. https：// www. minkou. jp/university/ranking/deviation/？ from = singlemessage.

② みんなの大学情報［EB/OL］. https：// www. minkou. jp/university/ranking/deviation/？ from = singlemessage.

# 第二章 日本高校本科经济学专业人才的培养目标

人才培养离不开高校专业的培养目标，日本高校本科经济学专业人才目标的制定不仅与教育目的和学校的性质、任务有关，还根据特定的社会领域及层次的需求而决定。日本高校要完成各自培养的任务，培养社会需要的合格人才，就要制定各自的培养目标。概括来说，日本高校本科阶段人才培养的目标以"综合素质过硬""真扎实干""立足国际"的基本理念为基础，同时，不同类型高校对经济学专业人才的培养目标也具有差异性，如普通型大学、应用型大学、研究型大学。

## 一、日本高校本科阶段人才培养目标概述

日本大学基准协会设立的经济学系教育基准检讨委员会，自平成 14 年（2002 年）4 月以来，经过多达 15 次的委员会审议，于 2004 年 7 月修订并完成了《经济学系教育基准》。[①]

《经济学系教育基准》提道：现在的经济学部教育虽然从低年级已经开始进行专业教育，但很多时候还是停滞在经济学教育的基础阶段。学部的经济学教育作为通识教育成为社会科学的一环的倾向正在加强，真正的经济学的专业教育正逐渐走向研究和职业相结合。[②]

经济学教育不是单纯地让人习得技术，也不应该直接与职业资格挂钩。

---

① 公益财团法人大学基準协会［EB/OL］. https：//www. juaa. or. jp.
② 公益财团法人大学基準协会［EB/OL］. https：//www. juaa. or. jp.

经济学教育追求的目标是，培养学生能通过综合视野分析各种问题，找出解决方案，使其掌握能促进各种社会制度改善的基础能力。《经济学系教育基准》认为，经济系教育的目的不是以经济学理论的教授和掌握为自我目的，而是培养学生"从专业的、综合的视野出发，掌握理解、分析、解决社会内外、市民生活、企业中的各种问题的能力"。①

《经济学系教育标准》据此提出了经济学教育的目标、理念和定位。

1. 经济学的定位

经济学的目标是通过理论的、实证的、历史的分析来阐明人类的经济活动及其社会关系，并在其成果的基础上为解决问题方法的制定做出贡献。与自然科学一样，经济学也以把握因果规律为目标，但其规律性是历史性的、社会性的贯彻执行的。因此，经济学的课题不是仅停留在对现实的分析，而是提出解决问题的方案和政策。②

2. 经济学教育的理念和目的

经济学教育的目标是通过教授专业领域的经济学，使经济学专业的学生掌握从专业的、综合的视野理解、分析、解决国内外社会、市民生活、企业中的各种问题的能力。

经济学教育，为了使学生掌握综合的视野，有必要将包含社会科学和数学在内的自然科学，与技术革新相关的工学、生命科学、人文修养科目等与经济学相关科目相结合对学生进行教育。③

3. 经济学教育的作用

经济学的学士课程教育，一方面是教育教养，另一方面是作为专业基础教育，属于大学院的准备阶段。同时，学士课程教育还对其他学部和大学生转入经济学专业，以及社会人士终身学习的情况都可以起到作用。

经济学部的经济学教育是系统地、全面地教授从基础到应用、专业的教育。经营学部、商学部的经济学教育，使人了解经济活动的理解基础知识，从而加深对企业活动的理解。

---

① 公益财团法人大学基准协会[EB/OL]. https：//www. juaa. or. jp.
② 公益财团法人大学基准协会[EB/OL]. https：//www. juaa. or. jp.
③ 公益财团法人大学基准协会[EB/OL]. https：//www. juaa. or. jp.

另外，作为教养教育的经济学教育，作为把握经济现象的社会科学的一部分发挥了作用，在其他学部和跨学科领域的经济学教育中，作为推进这些分析的有用专业科目，发挥了给予理论基础的作用。

此外，经济学教育还为包括教职在内的各种资格考试以及就业提供必要的知识。

4. 经济学教育的目标

经济学教育的目标，一是给出分析和应对广泛而多样的经济活动的方法，形成职业人或社会人修养的一部分。二是使其获得职业所需的、对现实经济现象设定特定问题并进行分析和解决的能力。三是培养研究人员、决策者和企业内外的经济专家。学士课程的经济学教育旨在使学生掌握实现这些目标所必需的知识，培养具有分析问题、解决问题和制定政策能力的人才。[①]

人力资源开发目标的定位必须满足社会经济发展对人力资源开发的要求，契合经济领域的特点。从经济学专业的特点来看，经济学专业是经济学和工商管理专业的基础专业。与其他经济管理学科相比，经济学学科具有更广泛的能力和更深的理论基础，在经济学和管理学学科中处于根本地位。因此，与其他经济学和工商管理专业的学生相比，他们更具扎实的理论基础，广泛的适应性，强大的可塑性，巨大的发展潜力以及适应社会经济特征要求等的优势。

## 二、研究型大学——以东京大学、早稻田大学为例

自明治维新后，西方文明对日本社会产生了深远持久的影响。现在日本研究型大学的模式常常参照德国的高校，尤其是柏林的高等院校，此外也常与美国的研究型大学有一些相似之处，取百家之长以立自身。

首先，高校的研究功能更加被强调。日本的《大学帝国条例》明确规定，大学应该有两个主要功能：教育功能和科研功能。在日本，科研被认为是大学的主要功能。教育必须反映科研的结果。没有科研，就没有教育质量。因此，科研机构在日本占有重要地位，它是由教育、文化、体育、科学和技术

---

① 公益财团法人大学基准协会[EB/OL]. https://www.juaa.or.jp.

部设立的研究机构，也是由国立大学独占的研究机构。研究型大学成立的附属研究机构具有师资、学生和设备的优势，因此开展了广泛的综合科学研究，进行了重大研究项目，并为其他研究机构等提供了大量研究经费。东京大学、名古屋大学核研究所和京都大学融合研究所在国家科学的发展中都起着重要作用。总体而言，日本的国立研究型大学，是其基础的科学中心，具有重要地位，这类大学能受到政府的资助。它的研究经费主要来自：政府的常规研究经费；通过项目申请方获得的竞争性研究经费；与企业合作获得的研究经费。科研经费由政府以预算分配的形式提供，例如，在 1998 年东京大学就获得了来自政府高达 140.5 亿日元的科研拨款，占总经费的十分之一。而同年，私立大学受到的政府拨款总额仅为 2 950 亿日元。① 可见，日本的私立大学在获得政府支持方面面对的挑战更为严峻。

第二，专注于自然科学。例如，日本研究型大学的各领域研究生比为自然科学类研究生占总数的 65.1%，而医学和牙科类研究生仅占 39.4%。自然科学类别显然很高。不仅是研究生，本科生也是如此，日本研究型大学的自然科学类大学生比例为 26.8∶1(日本平均水平为 5.9∶1)，研究型大学的医学和牙科类大学生比例为 15.6∶1(日本平均水平为 7.7∶1)，基于此项数据可以看出，日本的研究型大学的本科教育更加侧重于自然科学类。

强大的教师资源是日本高等教育的根基之一。在研究型高校中，教师人数比本科生人数占全国人口数还高出 4.0%。日本的平均师生比例为 26.8∶1，而研究型大学比例为 15.2∶1。② 日本研究型高校教师除了数量上的保证，质量上更具保证。日本在 1912 年设立了学士院奖，该奖项主要基于论文、书籍著作和其他研究成果来评定。获奖者可被学术界认定为顶级的精英。而在 1912 年至 1997 年之间，超过四分之三的获奖者是研究型高校的老师。③ 可见，日本的研究型高校培养了大量人才，他们为日本社会的发展做出贡献。而处在科研领域前沿的研究型高校，出现顶级精英也是理所应当，这些高校也逐渐成了拔尖创新人才的摇篮。

---

① 陈敏，沈红. 日本研究型大学面临的机遇与挑战[J]. 高等工程教育研究，2003(2)：68-71.
② 陈敏，沈红. 日本研究型大学面临的机遇与挑战[J]. 高等工程教育研究，2003(2)：68-71.
③ 陈敏，沈红. 日本研究型大学面临的机遇与挑战[J]. 高等工程教育研究，2003(2)：68-71.

自古以来，日本就善于取众人所长以改进自身，对外来知识和文化有着很强的学习和包容能力。在古代从中国学习汉字和佛教，到明治时期有了"和魂洋才"的口号。举例来说，明治维新之后日本能成为世界强国，离不开对美国等国家的社会经济体制和各种先进科技知识的学习，由此才能使其在短暂的近代化进程中成功追赶西方国家，甚至在某些领域走在了世界前沿，进而成为除西方以外的首个工业化国家，科研水平位居国际前列。这种硬实力的展现使日本有着显赫的国际地位。日本经济、政治和科学教育等方面的各个发展阶段都融入了开放的价值观，所以日本的高等教育体系虽然借鉴于欧美多国，但又和美国高等教育的多元化目标迥然不同，和英国自由的学术价值观与研究并重的人才培养模式不尽相同。日本的高等教育导向是开放的，尤其是研究型大学，它们多维度推进培养复合型创新人才，从而有了大量顶级人才的持续涌现。

日本的研究型大学与美国和英国的研究型大学实现其培训目标的方式不同，但通常具有三个方面：专业知识、全球素养和道德素养。其研究型大学还融合了英美两种办学理念，将培养复合及创新型人才为主要着力点。日本文部科学省于2016年年底推出"特定国立大学"计划。在该计划中，评估的几个方面包括"研究能力""社会影响"和"国际合作"，以此来努力建设世界一流的大学。实施该计划后，东京大学、东北大学和京都大学等几所研究型大学都提交了申请。

东京大学秉承"学术自由，学习自由，教育自由和创新自由"的办学理念。针对不同的学生设置个性化的专业培训课程，由此激发学生的兴趣，同时注重专业化的知识学习，培养了一大批顶尖复合型人才。2003年，《东京大学宪章》发布，其中有："东京大学以学术自由为根基，追求真理和知识的创新。①致力于建立一所综合大学，在学术领域引领世界，追求全球一流水平的高等教育，为创建美好社会做出贡献。"

---

① 熊庆年. 站在时代的前列迈向世界知识的顶点——东京大学的战略[J]. 清华大学教育研究，2007(10)：84-88.

**(一)培养目标确立的背景**

1. 东京大学

东京大学是日本第一所国立大学，也是亚洲最早的综合性大学之一，于1877 年成立。它的前身是东京开成学校和东京医科学校，后发展为世界著名高校，现有十个学院。[①] 其中的经济学院与经济学研究生院从各个角度处理与现代经济和管理相关的问题。

在经济学和经济学研究生院，已经制定了一个课程规范，允许学生学习与经济、管理和金融相关的研究领域。在本科教育中，学生可以通过讲座学习复合视角和各种分析方法，以解决与经济、管理和金融相关的问题。同时，学院通过练习(研讨会)和小班授课，在特定领域提供更具体的指导。学生不仅要听讲座，还要将自主研究纳入本科的毕业论文。

经济学研究生院分为经济学和管理学两个专业，每个专业领域都提供先进和专业的教育。完成硕士学位课程后，学生能进入私人公司和政府，并可能成为高级研究员，当然还有继续进入博士课程学习的。

在经济学系，教育经济理论主要用于理解经济体系的运动，以及解决政策问题。对整个经济中的生产活动水平、失业率、通货膨胀率和经济增长的决定因素以及控制经济条件的政策进行分析，是经济学系的一个重要教育问题。

工商管理系，以与企业管理相关的各种教育方法为中心。教育的主题是关于资产运营和采购的企业管理，人力资源和产品开发，市场开发，财务方法和理论(金融理论)方法及实践，会计系统的现状及其历史转变，各种商业环境企业管理的历史研究等。

东京大学经济学部有两个培养目标：一是培养世界顶级金融研究人员，二是提供优秀人力资源领导日本金融界。[②]

在日本，大部分的学生会被高校的经济学部授予经济学学士学位。近年来，由于经济学部专业内容和种类逐渐丰富、多元，学位名称也有了不同程

---

① 東京大学经济学部概要[EB/OL]. http：//www. e. u-tokyo. ac. jp/2019/3/25.

② 東京大学大学院经济学研究科[EB/OL]. http：//www. e. u-tokyo. ac. jp/kenkyuka/mokuteki. html.

度的增添。其中，经济学部通常隶属于文科院系，但不同的大学①，专业设置也具有差异。除经济专业外，还设置了经营管理、金融等其他专业。例如，东京大学设置了三个专业：经济学，金融学和管理学。如滋贺大学就分别设置了经济学、金融管理、信息管理学等专业。这样一来，日本的经济学系毕业生就业方向比较宽广，从事的工作各种各样，例如私人公司职员、公务员、税务会计师、管理顾问等。②

以经济学部的经济学为例，课程设置可以分为三类。首先，第一类就是理论和数字课程。内容主要包括微观经济学、宏观经济学以及计量经济学，强调使用数字来建立基础理论。第二类适用于应用和政策类课程。此类课程更注重理论和政策的应用性质。包括国际经济、劳动经济学和公共经济课程等。第三类是历史和思想类课程。这些课程会带领学生验证和思考经济学研究领域常见的问题，常常从问题出发启发培养学生的专业学科思维。③

2. 早稻田大学

早稻田大学成立于 1882 年。办学伊始，创始人大隈重信提出"学术独立""知识转化实际"以及"树立国民模范"的方针，提倡自由追求学术，倡导钻研的学术精神，培养国际化实用型复合人才。经过发展于 1902 年成为日本私立综合性高校。其中，其政治经济学部的人才培养目标是"具备学识的实业家""培养有国际商业经济活动能力的人才"为教育理念。在办学理念中，经济学是企业和经济的交叉领域，④ 政治经济学部致力于从国内外的视角考察和人文、物质、财富和信息等各个资源分配相关的机能与制度，对机制进行理论和实证研究。自成立以来，政治经济学部培养了 10 万余名人才，输送到全国各个行业，活跃在政治、文化多个领域，很多成了骨干人才。由此，政治经

---

① 宝乐日. 日本高等院校财经人才培养管窥——以日本早稻田大学和北海道大学为例[J]. 民族教育研究，2011，22（6）：71-74.

② 宝乐日. 日本高等院校财经人才培养管窥——以日本早稻田大学和北海道大学为例[J]. 民族教育研究，2011，22（6）：71-74.

③ 宝乐日. 日本高等院校财经人才培养管窥——以日本早稻田大学和北海道大学为例[J]. 民族教育研究，2011，22（6）：71-74.

④ 宝乐日. 日本高等院校财经人才培养管窥——以日本早稻田大学和北海道大学为例[J]. 民族教育研究，2011，22（6）：71-74.

济学部的教育理念得到了社会的高度认可。[1]

### (二)培养目标的定位

1. 东京大学

东京大学经济学部主要设置两个专业：经济专业和管理专业，其培养目标定位为：经济专业旨在开发具有国际竞争力和沟通能力的人力资源，培养具有超越理论、政策和历史类型的广泛综合知识的人才；管理专业的目的是培养能进行企业管理的商业精英。

经济专业从国际视角宏观地把握经济和社会现象，目的是培养具有从理论上、经验上和历史上分析经济能力的人才。

管理专业旨在研究构成经济社会的商业活动(如商业管理，商业战略，营销等)，目的是培养从国际视角出发，在理论、经验和历史上分析经济发展的能力。[2]

2. 早稻田大学

2017 年早稻田大学商业金融学院与金融研究中心和 WBS 研究中心进行整合。该学院的目标是通过教育和研究系统的合并以及商业和金融领域的基础和应用研究，生产和提供世界一流的研究成果，以支持学校和社会这两个组织。在这个新的学院，不仅继续开展以前由两个中心开展的活动，还开展非学位高管教育活动和各种研究活动，包括与企业、其他组织和研究机构以外的实体进行联合和合同研究。此外，还出版了一些出版物，并举办讲座和研讨会。[3]

商业金融研究所是附属于商业金融研究院(早稻田商学院)的研究所。这是一所以学术为导向的学校，旨在培养研究人员，其中包括会计研究生院，专为那些想要获得高度专业知识的人而设计。商业和金融研究院，是一个实用的学习型学校，专为那些想要获得一定管理技能的人而设计。与此同时，研究机构职能分为商学院研究所(成员为商学院、商学研究院和会计研究院的

① 宝乐日. 日本高等院校财经人才培养管窥——以日本早稻田大学和北海道大学为例[J]. 民族教育研究，2011，22(6)：71-74.
② 东京大学经济学部官网[EB/OL]. http：//www. e. u-tokyo. ac. jp/kenkyuka/mokuteki. html.
③ 早稻田大学政治经济学部官网[EB/OL]. https：//www. waseda. jp/fcom/wbf/en/about/history.

学术人员），主要开展学术研究和传播；还有商业和金融研究所（成员是商业和金融研究生院的学术人员），主要提供管理实践学习的这些非学位课程，并在所有相关领域开展研究。①

### (三)培养理念

1. 东京大学

东京大学的教育理念是"崇尚自由"，这一理念贯穿在教书育人的整个过程中。这种崇尚自由的精神特征集中体现在以下几个方面：培养理念上要"学术自由"、制度上提倡"学习自由"、模式上提出"创新自由"以及"教学自由"的氛围。东京大学这种以"自由"为核心的人才培养理念为学生发展根植厚土汲取养分，在自由的环境中不断科研探索。

(1)"学术自由"的人才培养理念

东京大学在其宪章中明确指出："学术自由是东京大学发展的前提，以对真理的不断追求、创造新知识为目标。"②基本使命为：突破国界、种族和语言等各样束缚，探寻人类普适性的真理；通过高等教育过程培养优秀人才，对学术不懈努力的探索，为世界和平与人类福祉创造和谐发展的环境；为世界各国和地区的绿色可持续发展、科技的突破和进步，还有人类文化的批判、继承及创新，提供突出贡献。东京大学这种"崇尚自由"的理念始终贯穿在教书育人的整个过程中。

(2)"学习自由"的人才培养制度

制度上提倡"学习自由"是东京大学鲜明的特色。这套制度是东京大学在对学生的培养中逐步积累、逐渐完善的。制定的程序依法且完善，是要求全体师生成员遵守的行为准则。这种人才培养制度使得东京大学在众多研究型大学中脱颖而出，独树一帜。如自由的选课制度，不论学生的年级、专业和层次，在入学时，会有专门的教师帮助学生定制高度个性化的课程方案，学生可以自由选择喜欢的课程，有很高的自主权。很多课程没有年级的限定，

---

① 早稻田大学政治经济学部官网[EB/OL]. https：// www. waseda. jp/fcom/wbf/en/about/organizations.

② 袁川. 适应与务实：日本东京大学创新型人才培养的经验分析[J]. 贵州师范学院学报，2017，(7). 64-69.

甚至可以跨校区选课。这种选课制度的高度自由增加了学生对课程的满意度，令课堂气氛较为活跃。在课堂上，经常可以看到文理工学生、本硕博学生同处一室，东京大学这种场景是在外校看来非常令人匪夷所思的事情。

（3）"创新自由"的人才培养模式

东京大学在模式上提出"创新自由"，这是为了达到东京大学培养目标而专门设计的理论模型，是东京大学培养模式的亮点。[①] 从构成上讲，共有八个要素：人力资源开发理念、专业设置模式、课程设置模式、教育体系，教育组织形式、隐性课程形式、教育管理模式和教育评价方法。这种"创新自由"模式还体现在学科交叉领域。[②] 20 世纪 90 年代末东京大学成立了新领域的创新学科，致力于培养多学科融合的复合型人才，这也标志着，东京大学传统学科模式开始向交叉学科发展方向。2000 年东京大学通过整合社会学、环境科学、经济学、信息工程、统计学等专业，成立了一个跨学科信息学研究所，日语称为"情报学环"。"情报学环"是一个教授以及其他教员们所属的研究机构，它的成立从某种意义上来讲缓解了专业多样化过度的问题。从 2013 年开始，跨学科信息学研究所的积极作用开始突显，诸多优秀的跨学科研究成果的诞生体现出东京大学的巨大发展潜力。[③] 可见东京大学"崇尚自由"的教育理念贯穿在其教书育人的整个过程中，为其发展提供了不竭动力。

（4）"教学自由"的人才培养氛围

人才培养氛围是高校在塑造人才时营造的教育氛围和人文情感，其本身是一种潜在的文化特质，通过长时间的教育实践形成的教育文化，渗透在教育活动的方方面面。这种文化一旦被参与者接受，都会对学校风格、教学风格和学习风格产生无形的影响，并且在促进发展和培训人才方面起着重要的作用。

首先，"教学自由"的人才培养氛围在实践课和研究类讲座中得到体现。

---

① 陈洋洋，单莉丽，永阳. 地方工科院校数学类专业应复合型才培养模式改的探索与实践[J]. 数学研究，2020(3)：184-186.

② 袁川. 适应与务实：日本东京大学创新型人才培养的经验分析[J]. 贵州师范学院学报，2017，(7)．64-69.

③ 董泽芳，袁川. 国外高校成功培养创新型人才的经验与启示——以哈佛大学、牛津大学和东京大学为例[J]. 现代大学教育，2014(4)：26-32.

在实践课上，学生们绕圈而坐，教师在一旁不发言，学生三人一组，分别做主持、发言和评论的工作，通常时间为 30 分钟，场下的观众同学可以补充发言。如果出现冷场，主持人就随机选择场下同学发言，教师坐在旁边进行评论和总结。学生角色可以更换，轮流更替主持人、发言人和评论员的角色。研究讲座主要是针对研究生开设。在课堂上，学生可以自由地表达自己的观点，讨论激烈时还常有浓浓的火药味，争论不绝。但这种充满火药味浓烈的探讨氛围绝不是坏事，反而更易激发学生的学习热情、主观能动性和创造力，不知不觉中还锻炼了语言表达能力，能有效地培养学生的整体素质。[1] 学生在这种"崇尚自由"的理念和氛围下学习和锻炼，更易具有思考的独立性、能动性和创造力。

随着时代的变迁和历史的发展，日本的教育体制不断变革，推陈出新。尽管如此，"延迟专业化学习"教育理念始终是东京大学坚持的特色理念，将本科的培养划分成两个阶段。头两年处于早期阶段，课程和培养上主要内容还是通识教育。大三和大四是后期阶段，学生会在大二年级提前选择专业方向和课程方案。进入后期阶段，即按照所选院系和专业方向开始专业课的学习。东京大学在"延期专业化学习"的教育理念指导下实施的培养方案目的是加强对学生的通识教育，培养具有优良人文综合素质的学生。同时，针对优秀人才的培养设置了特定项目和跨学科训练活动，将研究生院的最新教育内容和研究成果整合到本科教育的早期教育阶段中。由此一来，本科生可以直接接触到最尖端的研究成果，并与研究人员直接交流。更重要的是有机会发现自己的兴趣，这类早期的科研启蒙活动，与东京大学"延迟专业化"教育思想互为辅佐。不仅可以培养学生的人文素质，还能使学生早早发现自己的长处和兴趣方向，大大有利于培养优秀人才。[2]

2. 早稻田大学

"保持学术独立性，高效发挥学术作用，树立国民模范"是早稻田大学始

---

① 董泽芳，袁川. 国外高校成功培养创新型人才的经验与启示——以哈佛大学、牛津大学和东京大学为例[J]. 现代大学教育，2014（4）：26-32.

② 吴守蓉，白石则彦. 日本东京大学人才培养特色的探析及其启示——以森林科学人才培养为例[J]. 中国林业教育，2015，33（6）：72-77.

终如一的宗旨。这句话高度地概括了早稻田大学的办学理念，这种优良的学风，没有随着时代的发展而改变，而是在早稻田大学全体师生的不懈奋斗下薪火相传，通过采取一系列措施使其精神不断延续并壮大。如：实行学分制，不以某几科的考试成绩为定论，而是提供多样的学习方式供学生自主选择；在校设立博物馆、图书馆等设施，保证学生各时间段的学习需求。① 此外，在教学上早稻田大学还进行了综合性改革，如不再实施"一考定终身"的传统做法，而是采取多渠道推荐与考核相结合的方式，② 允许招收具有一技之长的学生。

**(四)培养目标与社会经济发展的关系**

1. 东京大学

东京大学培养理念上强调"学术自由"、制度上提倡"学习自由"、模式上提出"创新自由"以及"教学自由"的氛围培养了大批社会精英。东京大学以"崇尚自由"为教育理念，并将其贯穿在教书育人的整个过程中。这种以"自由"为核心的人才培养理念为学生发展根植厚土汲取养分，在自由的环境中不断科研探索。如"明治时期，东京大学共培养了一万多名毕业生，其中有大约2 500人担任了政府要职；从 20 世纪 20 年代到 40 年代中期，日本的首相中有1/3 出自东京大学"。"在日本 18 名诺贝尔奖获得者中，东京大学的毕业生约占了一半"。此外，东京大学还培养了许多跨国公司的领导者和管理者，这些杰出人才的培养为日本整个国家与经济社会的发展带来了巨大的影响。③

2. 早稻田大学

"在野精神、进取精神、庶民精神"这三个治学精神是早稻田大学首任校长大隈重信一直提倡并贯彻至今的，这种治学精神使早稻田培养了许多社会精英和高级人才。到 2010 年为止，早稻田大学培养了 60 万名毕业生，这些学生作为社会人才活跃在各个领域。④ 如，99 名国会议员和 7 名首相毕业于早稻田大学；企业家中有松下、索尼的创始人；更有村上春树等著名文学艺

---

① 赵永东. 早稻田大学的办学特色[J]. 考试研究，2013(2)：86-89.
② 赵永东. 早稻田大学的办学特色[J]. 考试研究，2013(2)：86-89.
③ 袁川. 适应与务实：日本东京大学创新型人才培养的经验分析[J]. 贵州师范学院学报，2017(7).
④ 赵永东. 早稻田大学的办学特色[J]. 考试研究，2013(2)：86-89.

术家、建筑大师、传媒大亨等。① 知名校友们在世界各地组成的"稻门会"更使早稻田大学逐渐成为世界知名学府。21 世纪以来，早稻田大学制定了新的发展蓝图，致力于成为"培养世界人的世界性大学"，② 以此宣布了二次创校，提出要建设适应国际化、信息化时代的教育体制。

东京大学和早稻田大学作为知名学府，在建校之初，都提出了明确的办学宗旨和人才培养目标，多年来其人才的培养和塑造都为其经济社会发展做出了卓越的贡献。

## 三、普通型大学——以九州大学、福冈大学为例

虽然九州大学是日本传统意义上的帝国大学，但本研究依据偏差值的数值，把九州大学界定为普通型国公立大学和私立的福冈大学来比对，进行梳理和研究。

1973 年以前，日本的大学教育和研究组织基本以学部为主。直到 1973 年，由筑波大学发起，开始改革大学教育和研究组织结构，创立了以学系与学群为主的新型大学模式，此后一些大学也以筑波大学为模仿对象进行了改革。③

1991 年文部省修订《大学设置基准》后，更多的大学开始改革内部组织结构。九州大学和福冈大学也分别在全校范围内进行组织重构，且教育和研究组织结构改革得更系统、更彻底。

### (一)培养目标确立的背景

1. 九州大学

九州大学创办于 1911 年，是日本文部科学省直接管理的国立大学。20 世纪 90 年代末九州大学开始从组织结构与管理制度入手进行改革，致力于建成国际先进的教研基地，转型成为能适应国际化发展、有活力的开放型大学。④

① 赵永东. 早稻田大学的办学特色[J]. 考试研究，2013(2)：86-89.
② 赵永东. 早稻田大学的办学特色[J]. 考试研究，2013(2)：86-89.
③ 吴宏元，郑晓齐. 日本九州大学新型的教育和研究组织结构及其启示[J]. 高等教育研究，2005(1)：93-97.
④ 吴宏元，郑晓齐. 日本九州大学新型的教育和研究组织结构及其启示[J]. 高等教育研究，2005(1)：93-97.

为此，九州大学建立了一种全新的教研组织结构，即由学府、研究院、学部及研究所等组成的学府与研究院制的组织制度。[①] 从组织层面分离了教育与研究两大功能。截至 2000 年，九州大学研究生院共设有 16 个学府，16 个研究院。其中，学府负责研究生教育的组织，而教员都来自相关的研究院。[②]

其中，九州大学经济学部的前身成立于 1924 年，1949 年更名为经济学部。自那时起，它已发展成为日本最重要的培养人才的基地之一，为企业和学术界以及中央和地方政府培养高素质的专业人才。现在，经济学部由四个系组成。1977 年，经济工程系成立，是为了响应经济、工程和数学技术应用于分析实体经济和管理问题的新的发展。它由三个主要的专业组成：经济系统分析，经济分析和政策，数学和计算机科学。经济工程系的本科课程每年招收 20 名学生。商科和技术管理系（Department of Businessand Technology Management）启动了九州大学商学院（Kyushu University Business School，简称 QBS）的一个研究生项目，该项目于 2012 年 4 月成立 10 周年。QBS 的目标是培养精通工业技术管理和亚洲商业的商业人才。[③]

2. 福冈大学

福冈大学以"创业精神"和"教育研究理念"为基础开展教育，培养支持国家和地区的人才。在"创业精神"下，该大学通过本科和研究生教育，来提供"人力资源教育"，学习专业知识和技能。通过课外教育活动，实行了"人文教育"，旨在形成深刻的文化素养和良好的人文感。"人力资源教育"和"人文教育"将通过共存来完善和提高学生的"知识"和"思想"，以高度的道德感实现学生的社会责任，并为创造一个真正富裕和梦想的社会做出贡献，从而实现 21 世纪公民的发展。

福冈大学为进行高效的学术研究进而培养学术专家，认识到本科和研究生院之间的有机联系变得更加重要，与此同时，在现代社会中创造新的知识和技术的同时，也出现和累积了各种复杂的问题，想要解决这些问题，需要

---

① 吴宏元，郑晓齐. 日本九州大学新型的教育和研究组织结构及其启示[J]. 高等教育研究，2005(1)：93-97.

② 吴宏元，郑晓齐. 日本九州大学新型的教育和研究组织结构及其启示[J]. 高等教育研究，2005(1)：93-97.

③ 九州大学官网[EB/OL]. http：//www. kyushu-u. ac. jp/en/university/information/.

促进跨学科教育和研究。学校在积极开展"本科教育"的同时，另一方面利用单一校区集中功能优势，开展了"综合教育"，整合了各研究领域的边界研究。"本科教育"和"综合教育"，通过共存，将本科和研究生院的专业教育和研究发展进行衔接，实现更高水平的新知识和技术，为社会做出了更大的贡献。

该校自成立以来，根据当地社区经济文化的需求开展了教育、研究和医疗，并已发展成为日本西部领先的综合性大学。随着普及大学教育和经济全球化时代的需求，大学作为终身学习中心和国际交流中心的作用变得越来越重要。"地方性"和"国际性"共存使该地区的人力资源，尤其是经济型人才的发展成为可能。① 地区和社会的发展从某种意义上来说主要依靠经济实力来体现，经济实力的增长依靠经济人才的培养，而高校恰恰是培养经济人才的场所，福冈大学始终牢记"创业精神"和"教育研究理念"的宗旨，培养了大批国家和地区所需要的经济型人才。

**(二)培养目标的定位**

1. 九州大学

1949 年，九州大学经济学部从法律文学学部分离出来，并作为一个独立的经济学部而建立。随后，经济学部建立了一个新的工商管理专业(1965 年)和一个经济工程专业(1977 年)，特别是经济工程专业，运用了工程方法和数学方法开发经济学的新学术领域。

其后，随着时代发展和经济社会的需求，学校以及经济学部的重点转向研究生院，经济学院也进行了整合和重组，设置了经济与工商管理学以及经济工程学两个学科。2006 年，经济与工商管理学系又分成经济分析模块、产业分析模块和公司分析模块三个方面，为学生提供与毕业后相适应的各种学习机会。经济与工商管理学系还从第一年到第四年通过小组演习进行了全面的指导，并开设了一些本科生过渡到研究生的课程。在科学技术迅速变化发展的现代社会中，该系目标是开发能够准确理解经济趋势并具有创造性和解决问题能力的人才。②

---

① 九州大学经济学部官网[EB/OL]. http：//www. econ. kyushu-u. ac. jp/gaiyou/undergraduate/.

② 九州大学经济学部官网[EB/OL]. http：//www. econ. kyushu-u. ac. jp/gaiyou/undergraduate/#inner1.

"经济分析模块"从理论和结构的角度把握当今经济社会存在的问题，培养具有分析能力、规划能力和创造能力的人力资源，解决这些问题。"产业分析模块"是开发具有灵活和创造性应用能力的人力资源，可以在历史和经验上分析快速变化的工业社会，预测未来趋势，并制定适当的具体政策。"企业分析模块"旨在引导那些扩大公司内外活动的公司的活动，并开发有能力应对所面临问题的人力资源。

经济工程学系是一个旨在整合学习理论，分析工具及其"全面了解经济的能力"的部门。第一个特征是强调定量方法。它认为今天的经济是动荡和复杂的，仅仅通过学习新理论来解决这一问题是不够的，有必要遵循定量方法，并与实际情况相匹配，诸如利用和引入工程方法才是行之有效的。因此，教师团队不仅有来自经济学方面的，还有来自工程和科学等各个领域的研究人员。

第二，经济工程学系强调政策作为实体经济方法的意义，除了设定理论模型和侧重于多个方向的定量分析方法外，重点还在于开发解决问题的创造性思维方法。经济工程学系包括三个研究领域，分别是经济系统分析、政策分析和数学信息。经济系统分析领域是在宏观经济和微观经济层面利用数学和定量方法从理论和实证两个方面分析问题；政策分析领域涉及各种经济问题，其任务是学习分析和评估政策的基本知识和方法，并提出新的政策建议；在数学信息领域，学生将学习经济分析的统计和数学基础，管理和处理大量信息的数学基础知识，以及计算机的基础和应用。[①]

2. 福冈大学

福冈大学经济学部由经济系和工业经济系两个系构成。经济系主要是进行经济理论，经济史，金融和金融实践问题，国际市场以及最新的计算机分析技术和家庭财务等方面的研究。目标是从学习"生活经济"的过程中拓宽视野，培养全面了解时代和社会的能力。这种能力是一种必要的能力，它能够使学生在经济飞速发展的现代社会中坚强地生存下来，并且具备这种能力的学生被所有公司和机构视为"可靠实体"的人力资源。

---

① 福冈大学官网[EB/OL]. https：//www. fukuoka-u. ac. jp/education/undergraduate/economics/industrial_ economics/index. html.

工业经济学系，主要让学生学习和研究实践经济学，强调研究、分析和论证这一过程，并积极考虑如何让学生在工业世界中应用经济理论知识。福冈大学校内外有许多实践培训和实习基地，学生们通过实践课程的学习能够获得实践技能，除此之外，在校期间还能够获取计算机信息分析和数据库建设等技能。另外，工业经济系还提供应用程度更高、更具有自由度的课程，在课程中，提供以两个课程为中心的高度专业化教育，即创业发展计划和区域创新计划，通过这些课程的开设，为企业和社会提供了大量的与时代发展相适应的创业型和创新性的人才。[①]

**(三) 培养目标的理念**

1. 九州大学

九州大学经济学部为实现其专业的教育理念，主要设立了三个课程模块：即经济系统分析课程模块、政策分析课程模块和数学信息课程模块。

经济系统分析课程使用数学方法从理论和经验两个方面分析数学和宏观经济问题。通过微观经济分析、信息经济分析、经济模型分析、宏观经济分析、计量经济学、宏观定量分析，构建了理论模型，在此基础上构思了实际问题的解决方案。目前正在对公共政策、信息、环境、发展经济和经济波动等当代问题进行理论和实证研究。

在政策分析课程中，学习并提出分析和评估与各种经济问题相关的政策，其中心主题是如何平衡市场调节与公共干预，效率与公平之间的平衡等，它与金融、就业、福利等经济政策直接相关。

数学信息课程，主要的学习内容包括经济分析的数学方法运用，数学规划与优化的相关领域，经济与管理数据的分析方法，概率统计理论及其在数学金融中的应用，信息处理/管理数学理论与信息处理方法的研究等。

通过以上这些课程的设置，主要培养学生具备系统分析和解决问题的能力，具备提出分析、评估与各种经济问题相关的政策的能力以及具备经济数学思维方式和方法，能够进行信息处理、概率统计理论与经济数学方面的

---

① 福冈大学官网 [EB/OL]. https：//www. fukuoka-u. ac. jp/aboutus/philosophy/ideal. html.

研究。①

2. 福冈大学

福冈大学的经济学专业的教育理念，是通过传授经济学知识和经济思维方法培养对整个经济有所了解的通才。基于这一理念，经济学系使学生了解当今社会的经济形势、经济学的理论与应用、经济的历史发展过程，对现代社会及其背后的机制和动力有充足的认识和洞察，其目标是为社会培养一个强大的经济人。

福冈大学的工业经济学专业的教育理念，是发现现实社会中的问题，通过跨学科实践教育调查原因，培养能制订和实施解决方案的专家型人才。基于这一理念，工业经济学系通过对经济学和相关研究的研究来提高学生们的逻辑思维和实证分析能力，通过实践研究培养学生对当地社区和企业管理提出见解的能力和实际解决问题的能力。其根本目的是为社会培养能够解决实际问题的人力资源。②

福冈大学经济学部本科教育培养目标的特征主要体现在以下四个特色的教育内容。

①本科教育的哲学：通过学习和创造经济知识，促进社会的和谐发展和改善人类福祉。

②本科教育的目的：通过经济方面知识的学习，赋予学生人性、国际视野和积极行动的思维，培养能促进社会进步和繁荣的人力资源。

③本科教育实践指南：在真理面前，学生和教师处于同等地位，所有经济学院的教师和学生一样，都必须一起学习和探讨。尊重他人的想法，具备独特的动机和发现问题，进行持续性的学习。每个个体都要努力成为一个能够独立思考的独立公民，要时刻反省自己，并形成自我的评判标准，而不是单纯地借用他人的评估手段。打破固有的旧思想，并将新的想法付诸实践，为社会的发展做出贡献。

---

① 九州大学经济学部官网［EB/OL］. http：// www. econ. kyushu－u. ac. jp/gaiyou/curriculumpolicy/.

② 福冈大学官网［EB/OL］. https：// www. fukuoka－u. ac. jp/disclosure/policy/undergraduate/#anchor03？180701.

④本科教育目标：为受教育者提供学习机会，使学生毕业后比入学前有更大的自我成长。包括，让学生获得经济学的基本思想、理论知识等；培养学生独立思考能力，培养其创造力；根据数据和事实训练学生的逻辑思维；培养学生发现问题，解决问题的能力；培养学生的职业意识及系统专业知识的指导等。①

可见，福冈大学经济学部让学生学习经济学理论并进行实践，强调研究、分析和论证这一过程，并积极考虑如何让学生应用经济理论知识。此外，福冈大学校内外有许多实践培训和实习基地，学生们通过实践课程的学习还能获得实践技能。这些办学特色可以为社会培养能够解决实际问题的人才。

**(四)培养目标与社会经济发展的关系**

1. 九州大学

九州大学经济学部自1924年成立以来，培养了大量经济方面的人才，为日本经济社会的发展、教育和文化的发展以及整个日本社会的发展做出了巨大的贡献。

经济学作为一门社会科学领域不同于自然科学，它是与人类社会行为相关的科学，对人类社会行为的分析强烈反映在人们的价值观和目的感方面，尤其是在问题发现和理论设置方面。另一方面，经济学自诞生以来就一直致力于成为一门类似于自然科学的科学，它也是建立在道德哲学基础上的一个事实，它强调个人的价值观和目的感。因此，经济学是一个既有科学维度又有道德(道德科学)维度的学术体系。

21世纪进入新阶段的全球化对经济学专业的教育方式提出了各种挑战，九州大学经济学专业在本科阶段致力培养国际化人才，因此决定建立相应的应用型经济课程。对于被选拔为本课程学生的本科生，学部有计划提供比以往更高水平的专业知识、英语沟通技巧、演讲和讨论技巧等方面的教育。从2015年起，经济学部正在尝试这项新教育计划的一部分，从而实现能够应对新时代的全球化的挑战。②

---

① 福冈大学经济学部官网[EB/OL]. http：//www. econ. fukuoka-u. ac. jp/rinen. html.
② 九州大学经济学部官网[EB/OL]. http：//www. econ. kyushu-u. ac. jp/gaiyou/aisatsu/.

2. 福冈大学

"经济学"是一门多元化的学科，包括理论、政策、社会、历史和企业研究。该学科既有许多专门从事各个领域的教师，也有许多具有丰富海外实践经验的教师。为培养学生的经济观点和思想，经济学部设立了一门高度专业化和综合性的课程。经济系的学生第一年学习和研究基本的经济理论与政策，以及国内外经济史。第二年后，学生可以通过 3 个课程模块，从不同角度深入社会，以获得广泛的经济知识和思想。

工业经济学系的特点是它以经济理论为基础，并结合实际学习（PBL/项目学习）与当地社区和公司的合作。另外，福冈大学经济学院也促进本部门的教育和研究哲学中所说的"地域"和"国际性"的共存，并且在具有全球视野的同时，培养支持地方社会的人力资源。除了与海外合作学校的交流和海外研究人员的特别讲座外，该学院还提供了许多与现实世界直接相关的学习机会，例如团队在各个公司中搜索问题并提出解决方案的课程。通过这些学习经历，使学生有能力充当社会中具有判断能力、合作能力和责任感的一员，以应对不断变化的未来社会。[1]

## 四、应用型大学——以长崎大学、帝京大学为例

应用型大学与学术型大学概念相对，以本科教育为主，以应用型为办学定位，这类大学可以促进社会经济发展、满足高层次人才需要以及推进高等教育。[2]

40 年代以来，日本高校兴起了应用型的高等教育之风。其发展大致分为三个阶段：第一阶段，40 年代末到 90 年代中，日本高等教育体制在美国主导下进行了改革，此次改革将人才的培养于社会实际发展对接，加强高校与社会经济的联系，培养大量为适应地方经济发展所需要的应用型人才；第二阶段，20 世纪 90 年代至 2003 年，日本各级政府积极推动大学与企业间的协作，尤其是应用型高校，以促进二者在协作中互为帮手，协同发展；第三阶段，

---

① 福冈大学经济学部官网[EB/OL]. https：//www.fukuoka-u.ac.jp/education/undergraduate/economics/index.html.

② 徐从发. 紧扣专业核心能力构建职场培养模式[J]. 昆明大学学报，2007，18（4）：76-78.

2003年至今，由企业主导的人才培养模式逐渐转变为由高校主导的人才培养模式，高校开始积极鼓励学生发展个性特点，同时开展创新教学，提升学生的动手能力和创造性，还结合地方特色调整学科、专业的设置，更好地实现了产学研一体化。①

日本的应用型大学十分重视学生的实践能力与主动参与性。如长崎大学和帝京大学就十分注重学生在教研过程中的主动参与。这类课堂区别于传统教师讲授学生倾听的课堂，而是由教师设置课题让学生们自主思考、交流并发表意见，教师不进行讲解，而是根据学生们发表的观点及讨论的情况进行总结和指导。此外，演习课也颇具特色。学生由个人或组成小组，根据教师提出的课题进行研究，最后由学生自由汇报研讨结果。② 这类课程不仅可以拓展学生知识、发展语言表达能力，还有利于提高科研能力及实践操作能力。学生们也更容易积极参与其中，自己组织各种形式的成果交流会，以便交流经验、分享感受。

**（一）培养目标确立的背景**

1. 长崎大学

长崎大学最初是西洋式医学校，于1949年作为新制大学进行改革得到了重建。其理念是"继承与扎根长崎大学的传统文化，培养宽阔的心胸，创造维护世界和平的科学，为社会和谐发展做出贡献，实现教育与研究的高度化与个性化，培养能为世界发展做贡献的人才"。③④ 综合上述理念，长崎大学设定了国际战略基本方针和具体措施。

长崎大学经济系的前身是长崎高等商学院，长崎高等商学院是根据日本的现代历史进程开发的，并于1945年4月，在第二次世界大战期间更名为长崎经济学部。长崎经济学部在经济界和商业界中培养了大量的人才，于1954年4月通过新颁布的国家学校成立法被纳入新的大学系统，成为了大学经济

---

① 张波，张勃. 日本城市型、应用型大学的办学模式研究——以首都大学东京为例[J]. 北京联合大学学报，2018，113(3)：22-27.

② 傅维利，陈静静. 国外校学实践能培养模式研究[J]. 教育科学，2005(2)：52-56.

③ 长崎大学的国际战略[EB/OL]. https：// max. book118. com/html/2019/0929/8031074022002053. shtm.

④ 长崎大学官网[EB/OL]. http：//www. econ. nagasaki-u. ac. jp/intro/message. html.

系。与此同时，经济学部充分利用了长崎的地理位置。

长崎经济学部自成立以来，已向社会培养了25 000名优秀人才，为日本的经济繁荣做出了贡献。此外，经济学部还会逐步大力改善教育和研究，并旨在进一步飞跃以满足时代的需要。此外，1998 年，大学商学院合并，经济学部被纳入综合经济学系，并以培养"实用经济学家"为目标，长崎大学经济学部将继续以"一个接一个"的精神大胆挑战这个时代，并继续引领高海拔时代。①

2. 帝京大学

帝京大学成立于 1966 年。目前，已发展成为一所综合性大学，拥有五个校区。在这一发展过程中，学校为每个需要自我学习的学生创造了一个舒适的环境。

帝京大学按照"通过实践教育创造专业人力资源"的教学精神，特别重视在高中教育阶段接受过经济专业基础知识和基本理论和技术，进入大学后接受过系统高等经济教育的人力资源。"实用"，即学生通过实践学到的逻辑思维。"国际"，即学生通过学习和经验进行跨文化理解。"开放性"，即广泛了解所需的知识和技术。这些也都是帝京大学经济学院的教育指导原则。帝京大学旨在培养优秀人力资源，以帮助解决当今社会经济和管理面临的复杂问题。通过在学术界、政府机关、公司等方面具有丰富实践经验的教师进行真正意义的实践教育，帝京大学的目标是使学生获得广泛的视角和解决问题的能力。

**(二) 培养目标的定位**

1. 长崎大学

长崎大学经济学部以"培养实践经济学家"为教育理念。这里所说的"实践"是指"人们能够在不受任何危险威胁的情况下，为日常幸福的社会做出贡献"。为此，就必须获得正确的知识，并有能力使用正确的知识。长崎大学经济学部遵循这一教育理念，开发了一个涵盖知识获取和利用的课程。教师在多样性方面具有无与伦比的优势，他们有许多来自学术界、商界和政界的教师。此外，经济学部与企业主、政府管理人员以及其他国家的大学建立了密

---

① 长崎大学经济学部官网[EB/OL]. http：//www. econ. nagasaki-u. ac. jp/intro/message. html.

切的合作关系,其成果体现为"商业实践能力发展计划"和"国际商务计划"。长崎大学经济学部希望能够满足所有愿意通过社会科学的力量为世界做出贡献的人们的期望。

2. 帝京大学

随着全球化和信息化的迅速发展,日本经济处于重大变革时期。帝京大学经济学部旨在培养和开发人力资源,以帮助解决当今社会经济和管理面临的复杂问题。通过在学术界、政府机关、公司等方面具有丰富实践经验的教师进行真正意义的实践教育,帝京大学经济学院目标是使学生获得广泛的视角和解决问题的能力。

经济发展是人类在社会中赖以生存的一个重要前提,了解经济的运行和结构并进行有效预测也可以预见我们人类未来的生活方式。经济学部通过向学生提供日本和世界经济方面的理论知识与实践技能,培养能够创造创造性经济社会和商业模式的人力资源。①

**(三)培养目标的理念**

1. 长崎大学

长崎大学经济学部以"全球视野中能够解决现代经济和管理的各种问题的实践经济学家的培养"和协调社会为教育理念,解决正在发展的全球化现代经济社会中的各种问题。其教育目标是培养有能力做出贡献的人才,这些人才应具有广泛的教育背景和经济管理知识,掌握解决问题的技能和沟通的能力,将这些知识、技术和创造性思维相结合,从根本上解决实际问题。长崎大学为培养有能力为未来社会做出积极贡献的人力资源提供广泛的教育背景、经济和商业知识,并使他们获得解决问题的智力技能和沟通能力,为未来社会提供具有独立解决问题能力的人力资源。

长崎大学经济学部的培养目标的理念具体体现在以下课程的成就目标中。

(1)经济学和政策课程的成就目标

基于微观经济学和宏观经济学等主流经济系统来分析现代社会的经济系

---

① 帝京大学经济学部官网[EB/OL]. http: // www. teikyo - u. ac. jp/faculties/undergraduate/economy_ d/policy. html.

统，使学生获得关于现代社会经济体系的广泛知识，通过分析社会现象以澄清问题，获得一系列知识来思考解决问题的策略。

（2）金融课程的成就目标

学习具有与金融相关的经济学、管理学和法律知识；了解与财务相关的信息处理方法和模型；理解与金融相关的政策和理论；积极解决与现代金融经济相关的问题。

（3）全球经济课程的成就目标

掌握国际经济和国际管理的基本知识，获得有关国际关系和国际合作的基础知识，并掌握外语沟通技巧以及语言背后的文化和社会基础知识。从国际视角来了解本国的经济和社会发展，了解并灵活应对世界各种经济和社会，积极应对国际问题，分析国际问题。

（4）管理和会计课程的成就目标

掌握公司结构和行为，获取业务管理方面和历史方面的基本知识，理解并运用公司会计信息的内部人员和外部人员的观点。获得企业会计基础知识，正确理解现代公司的财务、劳动力、营销和其他方面。正确理解现代企业会计，能够探查到现代企业管理和会计的问题，能够对当代企业管理和会计问题进行科学的逻辑分析，并通过自己的语言进行恰当表达。

（5）一般经济课程的成就目标

让学生通过历史观和国际观，掌握理解不同文化的能力，以及获取在现实世界中发挥主导作用所必不可少的沟通能力。通过在校学习使学生自愿积极应对复杂而迅速的经济和社会变革，创造新的价值，积极为当地社区做出贡献。①

2. 帝京大学

帝京大学经济学部培养目标的理念主要体现在具体的各个专业之中。经济学部目前由经济学系、国际经济系、区域经济学系、企业管理和旅游管理等部门构成。

---

① 长崎大学经济学部官网［EB/OL］. http：// www. econ. nagasaki-u. ac. jp/intro/policy/index. html.

（1）经济学系

在经济全球化的背景下，经济学系根据经济学部的总目标，旨在从国际视角分析真实的日本经济，开发能够解决各种国家问题的人力资源。

（2）国际经济系

国际经济系根据经济学部的总目标，旨在通过掌握和分析经济全球化和亚洲及世界经济社会的实际情况，开发能够解决当今经济社会所面临问题的人力资源。

（3）区域经济系

区域经济系根据经济学部的目标，目的是培养具有解决农业、工业、商业、旅游等理论和实践能力的人力资源，以使他们可以提出具体解决方案并有助于区域社区经济的发展。

（4）企业管理

企业管理旨在根据经济学部的总体目标，通过综合学习有关企业管理的理论和实践，培养能应对商业中出现的各种问题的人力资源。

（5）旅游管理

旅游管理部门根据经济学部的宗旨，旨在培养具有先进专业知识和行动力的管理人力资源，这些人力资源基于经济和工商管理，以及广泛的教育，促进旅游和酒店业以及旅游社区发展。[①]

**（四）培养目标与社会经济发展的关系**

1. 长崎大学

长崎大学经济学部自成立以来，一直致力于开发人力资源，始终把培养"实践经济学家"作为自己的教育理念。1998 年，为了灵活应对现代社会的多样化需求，将原有的 3 个学科整合为"综合经济学科"，采用新的"课程体系"代替旧的"学科体系"，设立 6 门日间课程，培养优秀学生以满足现代社会经济发展的需求。

---

① 帝京大学经济学部官网［EB/OL］. http：// www. teikyo - u. ac. jp/faculties/undergraduate/economy_ d/policy. html.

2. 帝京大学

帝京大学经济学部旨在培养和开发人力资源，以帮助解决当今社会经济和管理面临的复杂问题。帝京大学经济学部通过向学生提供日本和世界经济方面的实践和理论知识与技能，按照创始精神，培养能创造创造性经济和商业模式的人力资源。经济学系提供多种课程选择。学生可以从感兴趣的领域进入经济学领域的学习，可以培养创造性思维习惯和竞争意识。来自大学、商界和政府部门的教授对当代日本经济活动和实际商业活动进行实践指导，学生可以获得经济实践与理论之间的平衡。在信息化和日本经济的国际化正以前所未有的速度发生变化的时代背景下，灵活应对环境的能力已成为所有劳动人民的基本素质。

在迅速发展的全球化背景下，日本经济的发展和可持续性日益增长，与世界和亚洲的经济关系的重要性正在增加。国际经济专业的学生不仅学习亚洲、美国和欧盟世界各国的经济、社会和政治，也通过海外培训计划等提高英语技能，获得在日本和国外可以活跃的基础。国际经济系为在亚洲各地拥有长期经验的教师提供了许多讲座机会，使学生学习实际的国际经济和社会变革，并获得理解和解决世界各地的经济、政治、文化和历史问题的能力，促进跨文化理解和国际化。学习国际经济意味着了解其他国家的经济，不同的语言和不同的文化背景将改变社会形成的方式和经济运作的方式。经济适用于各种规则和制度，有必要了解其所依据的文化，以便了解经济。

开发能实现区域振兴和人才振兴的课程，是区域经济学系的目标。除了基础经济学科外，还准备了"旅游业理论"和"地方政府法"等学科，它可以从各个角度检查和学习"区域和经济"。此外，学院还举办了以社区为基础的专题讨论会，便于活跃在该地区前线的不同领域的人们了解当前形势、问题和区域振兴的解决方案等现实情况。①

小结：高校人才培养目标的确立关乎着高校未来人才培养的定位与走向，它和高校的课程设置、教师培养等都有密切关联。本章以日本大学基准协会

---

① 帝京大学官网[EB/OL]. http://www.teikyo-u.ac.jp/faculties/undergraduate/economy_d/tourism/class.html.

设立的经济学系教育基准检讨委员会 2014 年修订的《经济学系教育基准》为依据，对日本研究型、普通型、应用型大学本科阶段的人才培养目标进行梳理与阐述。

研究发现，日本大学学部教育所涉猎的经济学教育作为通识教育的趋势正在逐年加强，真正意义上的经济学的专业教育正逐渐成为大学阶段学习和研究的领域。研究还发现，日本大学本科阶段经济学专业教育的目的不再单纯地以经济学理论的传授和掌握为中心，而更侧重于培养学生综合能力的提升和解决实际问题的能力。学校和社会期望学生从专业的、广阔的视野出发，掌握理解、分析、解决社会、市民生活、企业中的各种问题的能力。日本的研究型大学基于学校目标，强调高校的学术氛围与创新研究能力的培养与提升，更侧重于培养学生的科研能力。而普通型与应用型大学则更倾向于培养学生的社会实践性与适应社会生活、解决实际问题的能力。

# 第三章　日本高校本科经济学专业教育的课程体系

课程体系在人才培养体系中占有举足轻重的地位，是实现培养目标的具体实施途径。不同种类的高校特定经济学课程类型和专业课程结构构成了本科经济学专业的课程体系，得益于近现代日本高等教育的课程改革，其成果直接作用于日本高校本科经济学专业教育的课程体系，研究型大学、普通型大学、应用型大学依据其经济学专业课程观，构建了独特的经济学专业教育的课程体系。

## 一、当代日本高等教育课程改革

1945 年二战结束，日本参照美国的高等教育体制对自身进行了一次彻底的改革。然而舶来的美国高等教育体制并不能完全适应日本传统的大学制度，产生了许多矛盾和问题。在效仿美国的半个世纪中，政府、教育界、社会对高等教育的讨论和争议一直存在。但这些讨论基本只停留在理论探讨阶段，并没有实际影响到高等教育的实践。

1991 年，以修改《大学设置基准》为标志，日本才开始了实质性的大学教育改革。

《大学设置基准》（以下简称《基准》）将原《基准》中对大学课程科目学分等细节的详尽规定更改为只对学生毕业条件进行规定。这次修改消除了原来阻碍大学个性化发展的最大障碍，原有的整齐划一变成了更弹性化和自由化的要求。各个大学纷纷响应进行了课程改革，对本科课程和教学内容进行了大幅度修订。根据文部科学省的统计，到 2000 年 10 月为止，除大学院大学和

1992 年度以后设立的大学外，实施课程改革的大学共有 508 所，约占所有大学的 99%①②。

### （一）日本高等教育本科课程改革的背景

在已有的对高等教育改革的起因背景的研究中，往往会从社会、科学、文化、教育四类影响因素入手进行分析。这四类因素互相交织，但当视角锁定在特定的时期、地区、改革中时，历史经验告诉我们往往是一种因素起着主导作用。

分析 20 世纪 90 年代以来日本高等教育改革，可以看到社会因素的影响占据了十分重要的地位③。在当时，人口的减少是政府制定高等教育政策和大学采取办学政策时不得不考虑的问题。日本的高等教育适龄人口在 1992 年到达了 205 万人的高峰，随后一直下落。到了 2002 年已经减少到了 150 万人④⑤。

人口减少、高等教育适龄人口减少的趋势对大学和政府的决策都产生了重大的影响。许多学者对未来日本高等教育适龄人口的减少造成的影响持相当悲观的态度。日本政府 20 世纪 90 年代就已经注意到了这个趋势，在当时实施的高等教育改革中就采取了不少应对高等教育适龄人口减少的措施。例如这一时期日本进行的国立大学法人化改革，从根本上来说就是受外部社会因素影响所施行的。这些外部社会影响中最关键的就是日本"泡沫经济"破灭，国内外环境发生了巨变。因此国立大学法人化改革作为 20 世纪 90 年代后期所实行的最重要的"六大改革"之一，减少财政赤字成了题中应有之义。国立大学法人化改革采取了一系列行动，包括精简政府机构和人员、民营化一部分政府事务范围等。在这样的举措中，政府的部分职能机构变成了独立行政

① 有本章. 大学のカリキュラム改革[M]. 町田：玉川大学出版部，2003：89.

② 蔡京春. 20 世纪 90 年代以来日本的大学本科教学改革及其特点分析[J]. 文教资料，2011 (5)：114-116.

③ 胡建华. 20 世纪 90 年代以来中日两国高等教育改革的若干比较[J]. 现代大学教育，2006 (3)：70-84.

④ 石人炳. 日本生育率下降对高等教育的影响[J]. 南京师大学报（社会科学版），2005(5)：84-88.

⑤ 胡建华. 20 世纪 90 年代以来中日两国高等教育改革的若干比较[J]. 现代大学教育，2006 (3)：70-84.

法人。因此日本有学者认为"引起国立大学独立行政法人化的直接原因正是公务员的编制缩减问题。在人数上仅次于邮政人员的国立大学的独立行政法人化就比较引人注目了。"①②

除此之外，教育内部因素对日本高等教育改革的影响也值得考虑分析。新自由主义思想在教育思想中的体现就是，它认为政府常常对教育的生产和消费干预过多，使得教育制度官僚化。因此应当对政府对教育的控制加以限制，引入私有化和市场化来让教育改善效率、更具活力。受新自由主义思想的影响，1984 年，日本首相中曾根康弘设立了教育改革咨询机构——临时教育审议会，简称临教审，由他直接管辖。临教审赋予政府一个超越文部省层次的角度来审视教育，保证了教育改革的进行。一方面，临教审对教育的自由化、国际化提出了新的要求；另一方面又对传统的中央控制的教育行政制度进行了批判，主张通过市场来限制国家对公共教育的管辖。20 世纪 90 年代以来，日本政府一直将新自由主义思想作为主体的高等教育改革，具体的思路包括强调高等教育市场化，要求建立完善的评价机制等。受这一思想的影响，这一时期日本推行了国立大学独立行政法人化，利用外部评价系统和政府援助的方式来更灵活地配置资源，将提高高等教育质量与投入比作为改革的目标。

**（二）日本高等教育本科课程改革的内容及特点**

日本高等教育本科课程改革主要从课程设置和课程内容两个方面来进行。首先，在课程设置方面，调整了通识教育课程和专业教育课程的结构，加强了二者的有机联系③。原有的设置基准中的硬性规定在修改后的设置基准中全都不复存在，变成了一个大学课程设置的指导性方针，即"在编制课程时，必须考虑到在向学生传授所在学部的专门知识的同时，培养他们具有广泛的教养、综合的判断能力和丰富的个性"④⑤。这样的灵活化的改革可以说放开了

① 永井宪一. 日本の学行政と大学[M]. 東京：東京教学社，2002：150.

② 胡建华. 20 世纪 90 年代以来中日两国高等教育改革的若干比较[J]. 现代大学教育，2006（3）：70-84.

③ 蔡京春. 20 世纪 90 年代以来日本的大学本科教学改革及其特点分析[J]. 文教资料，2011：114-116.

④ 高等教育研究会编. 大学の多な展を目指して（Ⅲ）[M]. 东京：行政株式社，1992：22.

⑤ 伍红林. 21 世纪初日本高等教育本科人才培养模式变革探析[J]. 现代教育科学，2005（1）：43-46.

各个大学自身管理的手脚，很大程度上提高了各个大学本科教学的系统性。新的课程更加注重科目本身的综合性和科目之间的跨学科性，在设置上不再局限于人文社科或自然科学的某一个，而是倾向于教授整体性、系统性的知识，将培养学生综合素质作为重点，强调学生对学科间相互应用的能力。

在课程内容方面，此次改革对教学内容也进行了调整。原有的学分体系中外语教育的比重已经不能满足新的需要，因此，外语教育和信息教育成了新的教育改革的重点，并对它们提出了一系列新的要求：外语教育不仅要培养和提高语言运用能力，而且应训练学生提高对其他国家文化的了解程度，以及重视自我表达能力的养成。大学生信息技术能力的培养也得到了重视，信息技术教育科目不仅成了必修课，同时还贯穿了整个四年的学习时间。

日本财团法人大学基准协会制定的《经济学教育基准》对各大学教育研究的内容和方法做了以下规定。①

1. 教育课程的编制

各大学经济学部经济教育课程的编制要以经济学教育的理念和目的为基础，将各大学的设立宗旨、理念和目标具体化为教育目标，为实现这一目标而编制教育课程。1991 年大学设立标准"大纲化"以后，在由教养教育、外语科目、基础教育、专业教育组成的经济系教育课程中，从一年级开始进行专业基础课的事例有所增加。另外，还出现了由经济学专业基础课构成主专业，结合其他学部科目和其他学科设置副专业的例子。还强调有必要将讲义、演习、实习等适当地结合起来进行授课。

2. 授课科目等与学分

希望经济学和经济学教育能在统一化的基础上通过接触多样化的方法、价值和思想，接受锻炼并获得更进一步的发展。科目群的划分乃至框架，一方面要有理论、政策、历史的划分，另一方面要设定核心课程。作为课程分类与划分方面要设定：入门（导入）课程；基础课程；主干课程；拓展课程。还有必修课群；限选课群；自由选修科目。

---

① 公益财团法人大学基準协会[EB/OL]. https：//www. juaa. or. jp.

3. 学分标准

学分标准为每学习 45 小时给予 1 学分，包括用于预习和复习的自习时间。根据《大学设置标准》第 21 条，针对选修每周 1 小时、接受 15 周授课模式课程教育的学生，讲座和演习类课程规定学习 15～30 小时课获得 1 学分，实验和社会实践类课程规定学习 30～45 小时可获得学分。对"毕业研究"及"实习"，可根据各高校的实际情况确定学分数。

4. 授课时间与学期

作为授课期间，除了贯穿一学年为一届的全年制之外，还有将一年分为两个学期的学期制、将一年分划分为三个学期制、将一年分为四个学期的季度制。期望拥有留学生人数多的大学依据各大学授课方针，积极实施三学期制和季度制等授课方式。①

## 二、研究型大学——以东京大学、早稻田大学为例

课程结构是保证课程顺利开展的基础，有了课程结构才能将课程目标与教育成果联系在一起。具体来说课程结构包括了不同课程之间的配合和协调，起着课程体系的骨架作用。课程结构往往针对整个课程体系而设计，体现了课程设计的价值取向。

在课程理论与实践中，典型的课程类型可分为：学科课程与活动课程、分科课程与综合课程、必修课程与选修课程、显性课程与隐性课程。

### (一)东京大学本科经济学专业课程结构与类型

1. 现行课程概要

现行课程中，经济系的课程是按照平成 26 年(2014 年)所制订的来执行，经济系规定将学生履修科目划分为专业科目和选修科目，为让学生取得学部教育的成果，进一步把"专业科目"划分为"专业科目 1""专业科目 2""专业科目 3"和"专业科目 4"四个科目，同时将"选修科目"划分为狭义的选择科目、演习科目和少数人授课等。除演习科目、少人数授课科目之外，其他课程科目都会在各个学期期末结束之际通过考试来认定学生是否获得学分。

---

① 福冈大学经济学部官网[EB/OL]. http：//www. econ. fukuoka-u. ac. jp/rinen. html.

（1）前期课程的一般教育科目

一般教育科目虽然在形式上与经济系的课程有所分离，但每年都会有数名经济系教师担任教养科目前期课程的讲座。这些科目是以前期课程的全科类学生为对象开设的科目，不是单纯顾及那些希望进入经济系的升学者、预订者，它是作为使前期课程和后期课程广泛良好衔接而开设的课程。

一般教养科目具体开设了2门课程，一是全科共通科目的"综合科目一般（每周一节1学期2学分）"。这是为了让学生"从多样且尖端的角度、观点来学习现在共享知识的基本框架"而设立的科目。为寻求前期课程教学内容的多样化，期待其他专业的教师在自由艺术教育的框架内对专业领域学生进行授课。还有一个是"全校自由研究课堂演习（1学期1学分）"。这是构成前期课程教学计划的"主题科目"，由全校的教师开讲的演习形式的科目。它可以称作是以前期课程的学生为对象的研讨会。到目前为止，在"综合科目"和"全校自由研究课堂演习"中，经济系提供的讲义课程，每年都是1~3门。这些课程的开设，不仅对经济专业学习的学生未来继续深入学习十分有利，也为那些选择别的专业学习的学生铺平了学习经济学基础知识的道路。

（2）"专业科目1"按照平成26年（2014年）的课程体系，共包括8个科目课程，学生如想毕业，必须取得其中6个科目、最低24个学分作为必要条件

"专业科目1"是供经济学科、经营学科、金融学科学习的各个学问领域在内的介绍类的总论性科目。学生进入经济系学习后，在"专业科目1"中学习所需的基础知识和基本思想。具体提供经济原论、微观经济学、宏观经济学、统计、经营、经济史、市场和金融、会计8个科目课程。

（3）"专业科目2""专业科目3"和"专业科目4"分别是供经济学科、经营学科、金融学科的学生学习的课程，学生可以依据本人所属学科进行选择

经济专业的学生对应的是"专业科目2"，经营专业的学生对应的是"专业科目3"，而金融专业的学生必须要从"专业科目4"获得20个学分。为降低学科之间的隔阂，扩大学生的选择余地，每个专业设定了20学分这个相对较低的必要学分数。

"专业科目2""专业科目3"和"专业科目4"的科目每周开课两次，以每个学期都能单独结束课程的4学分科目为中心，此外，还提供每周开课一次的2

学分科目。平成 26 年(2014 年),"专业科目 2"开设了 21 门课程,"专业科目 3"开设 22 门科目,"专业科目 4"则开设了 29 门科目。

(4)选修科目

与各专业领域的发展相对应,把当时社会的问题作为理论特论科目来定位的科目是狭义的选修科目。这样一来,选修科目实际上是一门包含了更大范围的科目。

"选修科目"开课形式分为以下几种类型。

第一,计算机和信息处理、产业情况、数学、民法、日本政治等法学、政治学科等跨专业的共同选修科目。另外,产业情况由产业界聘请讲师,委托有关特定产业的讲座,原则上每年夏季学期和冬季学期各开课一次,多数学生都来听讲。

第二,各学科的特论科目,每年或隔年开设的常设选择科目。这包括经济统计、俄罗斯经济、亚洲经济史等科目。

第三,为大学院的硕士课程开课的科目作为选修科目对本科生开放,准许本科生学习更高水准的学问。平成 26 年(2014 年),向本科生提供了经济学方法论、微观经济学(高级)、宏观经济学(高级)、计量经济学(高级)、数理金融和衍生产品等一共 65 门课程。这些选修科目多为每周开课一次、每学期完成的 2 学分科目,其中也有每周开课两次和全年开课的 4 学分科目。

(5)创建选修模块

如上所述,经济学部为学生提供了多种多样的课程。它扩大了学生的选择宽度,与此同时,正因为选择面的增加,也有人指出学生在经济专业很难做到系统性的学习。为解决这一问题,在经济学科中设置了微观经济分析、宏观经济分析、现代经济、经济史、统计与计量分析、金融工学、企业财务与企业会计、金融统计分析、宏观金融政策等 10 个选修模块,为学生系统学习专业知识提供了方向性指导。

(6)重视数学教育

经济系的许多科目都需要学生具备一定程度的数学能力。因此,经济系在教养课程阶段学习数学的同时,还向学生提供数学I、数学II、经济学的数学等科目。在每年发放到经济系学生的"讲义要项"中就明确提出,希望学生要理解各个科目课程，并希望学生在前期课程和后期课程中学习数学科目等。

（7）演习课

演习课和少数人授课大多为经济系教师担当，它为学生提供了全年一周一次的演习课程，以及夏天或者冬天的任意一个学期一周一次举行的少人数授课两种。演习课是一门具有悠久传统，在经济系教育中起着中心作用的科目。学生原则上是在三年级、四年级期间，通过两年的时间参加相同的演习，在教师的指导下深入学习特定的主题，成为他们掌握独自研究基础的开端。希望参加特定演习的人员超过规定人数时，由负责教师进行选拔，从平成 9 年（1997 年）开始新设了少人数讲座授课，作为围绕特定主题进行更为细致的指导教育的科目。

（8）毕业论文

经济学部学生将自己研究内容归纳成论文，经过审查的毕业论文给予 4 学分。虽然毕业论文不是必修课程，但是学部希望能有多数学生提交毕业论文。平成 26 年（2014 年）有 173 名学生提交了毕业论文。

2. 旧课程的问题点和从平成 27 年（2015 年）开始的彻底修改

（1）专业科目 1 的过密开课

提高经济专业升学预订者的学习积极性被视为一个长期课题。升学分配制度的改革，对提高升学预订者的积极性产生了非常好的成果。但相反，另一方面，伴随着升学分配制度的实施，文科 Ⅱ 类以外的很多学生都可以进入经济专业学习，这样一来，之前 2 年级的夏季学期和冬季学期开设的专业科目 1 的课程都集中在了决定学生的升学分配制度后的 2 年级的冬季学期进行。从专业教育的早期开始这一观点来看，不是进步反而是后退，还产生了 2 年级冬季学期课程过密、学生负担过大的问题。

（2）伴随着过渡到"四学期制"的教学计划的根本修改

以大学教育的国际化为主要目的，从平成 27 年（2015 年）开始实行 4 学期制。因此，本科的必修学分从 88 个学分减少到 80 个学分，另外，除了演习等的一部分科目之外，所有的科目都变成了 2 个学分。在海外修学变得容易的同时，也促进了不拘泥于学分的自主学习。

"四学期制"的结果是，专业科目 1 由原来的 8 个科目更新为现在的 14 个科目，分别是经济原论Ⅰ、经济原论Ⅱ、统计Ⅰ、统计Ⅱ、经济史Ⅰ、经济史Ⅱ、微观经济学(初级)、微观经济学(高级)、宏观经济学(初级)、宏观经济学(高级)、经营、金融学、博弈论和会计。如果想要毕业必修取得专业科目1中的20个学分。

除了经济史Ⅱ和博弈论在三年级的 S1 期间(4—5 月)开课之外，其余 12 个共24 学分的科目，都在二年级的 A1，A2 期间(9—10 月，11—12 月)开设课程，这与过去[平成 26 年(2014 年)为止]的 8 个科目 32 学分相比，已经大幅度削减了学生的学习压力，也基本解决了在 2 年级冬季学期的专业科目 1 过密开课的问题。

相应的变化是专业科目 2、专业科目 3 和专业科目 4，毕业所需的学分数也减少到 18 学分。为促进经济学部的学生自主学习，在教师的监督下可加入研究生或本科 4 年级学生领导组成的演习会。演习会根据学生的企划，召开了由少数人小组进行的论文讨论和企业研究，这些学生到毕业为止可以取得 4 个学分。

**(二)早稻田大学本科经济学专业课程结构与类型**

日本早稻田大学本科经济专业课程结构重视基础知识到专业知识的积累。日本早稻田大学本科经济专业课程结构与类型，如表3-1 所示，①　具体划分如下。

表 3-1　日本早稻田大学本科经济专业课程结构与类型

| 模块名称 | 开课方向 | | | | | | | | | |
|---|---|---|---|---|---|---|---|---|---|---|
| 应用经济学 | 应用经济学 | 国际经济学/发展经济学 | 货币银行/金融学 | 公共财政/公共经济学/经济政策 | 劳动经济学/健康经济学/教育经济学 | 产业经济学/法律经济学 | 农业经济学/环境经济学/资源经济学 | 城市经济学/区域经济学 | 政治经济学 | 毕业论文 |
| 一般经济学 | 一般经济学 | | | | | | | | | |
| 经济史 | 经济史 | | | | 毕业论文 | | | | | |
| 理论经济学/计量经济学 | 理论经济学/计量经济学 | | 经济学论/经济思想 | | 经济统计学 | | 实验经济学/行为经济学 | | | |

---

①　早稻田大学官网[EB/OL]. http：//www. waseda. jp/top/.

从表3-1日本早稻田大学本科经济专业课程结构可见，课程模块主要由四个部分构成，分别是应用经济学模块、一般经济学模块、经济史模块、理论经济学/计量经济学模块。每一个模块中又都包含多个小课程模块，应用经济学模块下设应用经济学、国际经济学/发展经济学、货币银行/金融学、公共财政/公共经济学/经济政策、劳动经济学/健康经济学/教育经济学、产业经济学/法律经济学、农业经济学/环境经济学/资源经济学、都市经济学/区域经济学、政治经济学、毕业论文共10个；一般经济学模块下设只有一般经济学1个；经济史模块下共有经济史和毕业论文各1个；理论与计量经济学模块下设4个，分别是理论与计量经济学、经济学论与经济思想、经济统计、实验经济学与行动经济学[①]。

从以上开课类型的多少来看，应用经济学模块开课最多，最受教师和学生的关注，这表明所授知识和内容可能更有利于学生毕业后找到理想的工作。反之，一般经济学只有1个，这应该值引起学部和经济学专业的注意和思考。

## 三、普通型大学——以九州大学、福冈大学为例

### (一)九州大学本科经济学专业课程结构与类型

九州大学经济学部根据学部本科学生培养目标，结合经济学部毕业生要求，特编制经济学部经济专业2016年课程大纲[②]，具体内容详见表3-2九州大学本科经济专业课程结构表。

---

① 早稻田大学官网［EB/OL］. http：//www. waseda. jp/top/.

② 九州大学官网［EB/OL］. 平成28年度授业计画(syllabus)大学院经济府［EB/OL］. https：//www. kyushu-u. ac. jp/en/.

### 3-2 九州大学本科经济学专业课程结构表

| 课程类型 | 课程名称 |
|---|---|
| Ⅰ类课程 | 宏观数量分析、西洋经济史、管理与会计、劳务管理、日本经济、产业配置、劳动经济学、现代金融、情报解析、世界经济、微观经济理论、企业经济分析、日本经济史、企业会计、比较经济政策、经济数学、微观经济分析、经济体系特别论、情报经济、国际会计、微观经济学、现代经济学、概率模型分析、亚洲经济研究论、经济发展、财政分析、国际农业政策、国际金融、经济学专题(应用计量经济学)、经济学专题(制度比较分析)、计量经济学亚洲经济研究、宏观经济理论、数理统计学 |
| Ⅱ类课程 | 数理应用、成本计算、亚洲跨国公司、宏观分析、劳务管理、日本经济、概率模型分析、现代经济学、数理统计学现代金融、微观经济学、经济体系特别论、经济数学、产业配置、经营政策、亚洲经济研究论、经济体系特别论(经营管理)、数理计划、贸易投资分析、日本经营、经济体系特别论(产业政策)、比较经济制度、宏观经济分析、经济系统特别论(产业技术)、情报解析、世界经济、企业会计、比较经济政策、经济模式分析、财务会计、微观经济理论、计量经济学、亚洲经济研究、财政系统 |
| 其他类课程 | 高级产业结构、高级经营学、宏观经济学、数理计划、高级经济、经济体系特别论、产业组织、高级国际金融、高级贸易投资分析、日本经营、经济体系特别论(产业政策)、比较经济制度、宏观经济分析、经济系统特别论(产业技术)、计量分析、高级国际产业政策、经济工学(公共经济)、高级财务会计、经济模式分析、高级西洋经济史、高级情报经济、高级财政系统、计算基础、产业结构、高级管理会计、高级国际会计、经济工程特别论(劳动经济学)、经济工程特别论(财政经济)、高级日本经济史、经济工程特别论(产业组织)、亚洲跨国公司、操作研究、公共经济、研究工作坊、信息系统、劳动经济学、财政经济学、产业组织、经济学方法论、研究工作会议Ⅲ |

九州大学本科经济专业课程结构如图 3-1 所示①。

---

① 九州大学官网 [EB/OL]. http：//www. kyushu-u. ac. jp/ja/faculty/undergraduate/.

经济经营学科课程机构图

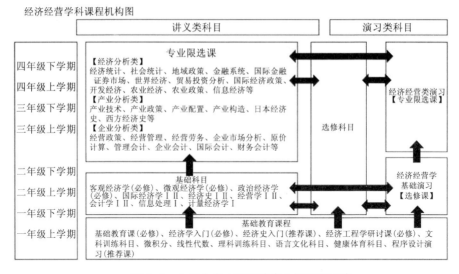

**图 3-1 九州大学本科经济专业课程结构表**

九州大学经济经营专业提供经济与商业课程，学生可以系统地学习经济学和商业主题讲座课程，并且在一到四年级的课程中设置少量的实用性科目。学部还提供详细的学习援助。第一年，学生在以经济学概论为核心的教育课程学习的基础上，可以参与研讨会等大学的重点教育学习方式。第二年，系统性学习经济学，工商管理重要课题小组的学科基础知识。从第三年第四年参与经济和商业管理演习课程，可以根据每个人的发展方向自由选择必修课程和选修课程（如图 3-2 所示）。

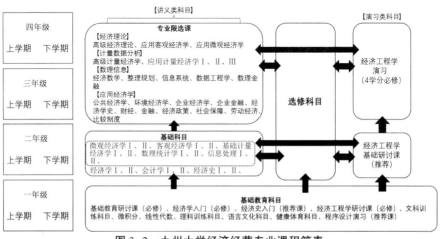

**图 3-2 九州大学经济经营专业课程简表**

在经济工程学专业，整体学习理论和分析工具及其应用知识，并为学生提供了旨在掌握解决问题的经济能力等的系统课程。此外，设置了从2年级开始，一直贯穿到4年级的少数人的演习课程。

在第一年，学生们将在入门经济学课程中学习经济学基础知识方面的必修课程。在第二年，学生必须从理论、测量、数学和信息三个领域中选择6到7门科目作为基础科目。通过这些课程，学生将学习经济分析的数学和定量方法。参加基础经济工程练习，并鼓励建立第三年后可以合理推进的学习。在第三和第四年，所有学生都参加经济工程系演习课程，学生根据自己的兴趣选修课程，了解实体经济中的政策问题以及数学和定量分析方法，增强专业知识。

**(二)福冈大学本科经济学专业课程结构与类型**

福冈大学经济学部培养经济学人才坚持五点原则：第一，重视基础知识积累，开设基础知识培养的课程。第二，从第一年开始设置小型参与式研讨会。第三，为学生提供与海外合作学校的联合课程。第四，举办特别讲座，邀请国外研究人员参加。第五，学生需要受到各种资格考试和专业考试的挑战①。

福冈大学经济学部的部长指出要通过"提供具有长期成果的区域性和国际性"的驾驭，开发具有高级经济和金融知识的人力资源。"经济学"是一门多元化的学科，包括理论、政策、社会、历史和企业研究。在福冈大学经济学部，有许多专门从事各个领域的教师，也有很多具有丰富海外经验的教师。为培养经济观点和思想，福冈大学经济学部建立了一整套高度专业化和综合性的课程。经济学部的教师们可以深入研究潜在的经济理论和政策，以及国内外经济史。

福冈大学的经济专业下设经济学史A、B，环境经济学，证券经济学，劳动经济学，社会经济学以及日本经济史②。福冈大学的经济专业，主要学习和研究广泛的"现场经济"，以培养一种强大而灵活的能力，并且学习以经济为驱动力的现代社会的生存方式。经济学专业从经济理论、经济史、金融和金

---

① 经济学系｜师资｜教育｜福冈大学［EB/OL］．https：//www.fukuokau.ac.jp/education/undergraduate/economics/．

② 福冈大学经济学部［EB/OL］．http：//www.econ.fukuoka-u.ac.jp/#．

融实践问题、国际市场以及最新的计算机分析技术和家庭财务等方面进行研究，主题十分广泛。经济专业的课程主要是培养一个从广阔的、坚实的视角清晰地看待时代和社会的优秀商人。

福冈大学的工业经济学专业下设的课程主要有两个模块，区域创新计划和创业计划。其中，区域创新计划又包括区域创新演习 A 至 H，实地研究 A 至 D；创业计划包括创业企业理论 A 至 D，九州经济 A 至 B。

福冈大学的工业经济学专业，主要是对具有实践经济理论和信息素养的商业专家，进行重点研究、分析和论证。在工业经济学专业，主要研究实践经济学，强调研究、分析和论证，考虑如何在工业世界中应用经济理论。校内外有许多实践培训和实地工作，学生还将获得计算机信息分析和数据库建设等技能，公司和组织需要这些实用技能和信息素养，工业经济系还利用可以在未来振兴该行业的经济理论培养业务专家。另外，在工业经济系，应用更高自由度的课程称为程序系统。在该课程中，提供以两个课程为中心的高度专业化教育，即创业发展计划和区域创新计划。

工业经济学专业的特点是以经济理论为基础，并通过实际学习（PBL/项目学习）与当地社区和公司合作。另外，福冈大学也促进了经济学部的教育和研究哲学中所说的"地域"和"国际性"的共存，并且在具有全球视野的同时，培养支持地方社会的人力资源。除了与海外合作学校的交流和海外研究人员的特别讲座外，学部还提供了许多与现实世界直接相关的学习机会，例如团队在各个公司中搜索问题并提出解决方案的课程。通过这些经历，学生将有能力对社会进行明确判断，成为拥有责任感的一员。为了应对不断变化的社会发展，学生需要获得经济学部的经济、金融和工业方面的新知识，树立并坚定持续不断学习的态度。

福冈大学的课程体系简单来说就是，入学第一年主要是巩固学习经济的基础，通过"第一年练习"和"经济学概论"将高中和大学学习联系起来。为研究推动社会发展的经济建立广泛、理性和合理的基础。入学的第二年、第三年和第四年，进行课程选择，根据学生自己的愿望，将分为"实践经济分析课程""应用经济学课程"和"社会经济学课程"，以促进专业学习。福冈大学经济学部具体课程设置如表 3-3 所示。

表 3-3　福冈大学经济学部课程设置

| | 一年级 ●微观经济学 | 二年级 ●宏观经济学 | | 三年级 | | 四年级 |
|---|---|---|---|---|---|---|
| | | 实践经济分析课程 | 应用经济学 | 实践经济分析分课程 | 应用客观经济学课程 | 社会经济学课程 |
| 按课程选择专业及必修选修课目 | | ○ 经济学史 A、B<br>○ 经济数学<br>○ 经济统计论<br>○ 计量经济学<br>○ 厚生经济学<br>○ 实务经济论 A、B | 应用经济学课程<br>○ 财经学<br>○ 金融论<br>○ 国际经济学<br>○ 经济政策<br>○ 劳动经济学<br><br>社会经济学课程<br>○ 社会科学概论<br>○ 经济史学概论<br>○ 国际经济学概论<br>○ 外语讲读 I<br>○ 社会经济学 | △ 开发经济学<br>△ 微观经济分析<br>△ 客观经济分析<br>△ 公共经济分析<br>△ 环境经济学<br>△ 实证经济学<br>△ 计量经济分析<br>△ 经济发展论<br>△ 信息经济学<br>△ 博弈论 A、B<br>△ 产业组织论 A、B<br><br>特别演习课目<br>△ 时事经济论<br>△ 海外研究员特别讲义<br>△ 经济学工场(作业场)<br><br>△ 演习课 A、B | 应用客观经济学<br>△ 国际客观经济学<br>△ 证券经济学<br>△ 金融市场论<br>△ 经济政策分论 A、B<br>△ 劳动经济学分论 A、B<br>△ 地方财政论<br>△ 社会保障论<br>△ 国际金融论<br>△ 租税论<br><br>△ 演习课 C、D 及论文 | 发展中国家经济论<br>△ 亚洲经济论<br>△ 西方经济论<br>△ 日本经济史<br>△ 社会思想史<br>△ 比较经济论<br>△ 国际经济学分论<br>△ 社会经济史分论 |
| 专业教育科目 研讨课 | △ 第一次演习课 | △ 特别演习课 I | △ 基础演习课 A、B | △ 特别演习课目 A、B | | |
| 先修科目 | △ 经济学入门<br>△ 日本经济史 A、B<br>△ 思想经济史 A、B<br>△ 信息社会和信息处理<br>△ 经济史信息处理<br>△ 产业战略论 A、B、C、D<br>△ 英文书籍讲读 | △ 信息社会学和经济管理<br>△ 经济学信息管理<br>△ 海外研究者<br>△ 情报实务入门<br>△ 概说日本史<br>△ 实训 A、B、C、D<br>△ 英文书籍讲读 | △ 概说法律史<br>△ 概说法政治学<br>△ 概说社会学<br>△ 概说外国史<br>△ 英文书籍讲读 | | | |
| 关联教育科目 | △ 簿记原理<br>△ 经营学入门<br>△ 宪法 I、II<br>△ 民法入门<br>△ 微积分<br>△ 概率与统计 | △ 会计学概论<br>△ 财务会计论<br>△ 交通经济入门<br>△ 交通经济论<br>△ 保险论<br>△ 债权总则<br>△ 物权法<br>△ 概说哲学 | | △ 债务总论<br>△ 行政法<br>△ 劳动法<br>△ 公司法<br>△ 企业贸易法<br>△ 企业贸易结算法<br>△ 经济法<br>△ 知识产权论<br>△ 税法 I | | |
| | 其他学部的经济学部教授委员会认定的课程 | | 其他大学(包括短期大学)的经济学及教授委员会认定的课程 | | | |

## 四、应用型大学——以长崎大学、帝京大学为例

### (一)长崎大学本科经济学专业课程结构与类型

长崎大学的课程由两个部分构成,分别是教养教育课程和专业课程。同时,所有的课程又分为必修课程、选修课程和专业限选课程。①

长崎大学的经济学部主要设有综合经济学科,综合经济学科实行昼夜开课制,分别被称为日间课程和夜间课程。日间课程从大的门类被划分成教养教育课和专门教育科目。教养教育课又被细分为三类:基础类课程、讲义类课程和自由选修类课程。专门教育科目被细分为四种:学部共同科目、课程科目、演习科目和专业限选科目。

日间课程学生毕业所需要的最低学分数是126学分,这其中包括教养教育科目修得的最低学分数40学分和专门教育科目修得的最低学分数86学分。教养教育科目最低学分数包括教养基础类科目16学分,讲义类科目20学分,自由选修类科目4学分。专门教育科目最低学分数包括学部共同科目16学分,课程科目36学分,演习科目8学分和专业限选科目的26学分。

日间课程的专门教育科目划分内容如下:①学部共同科目:学部专业教育基础课程;②课程科目:各课程中为了系统地学习专业领域的授课科目;③演习:通过专业领域的问题发现和解决的过程,培养思考能力的授业科目;④专业限选科目:与各课程的专业领域的科目一起对综合性的学习有用的授课科目。

---

① 课程指南——长崎大学经济学部 [EB/OL]. http://www. econ. nagasaki-u. ac. jp/under_ g/guidance. html.

表3-4　长崎大学本科经济学专业日间课程结构与毕业最低学分要求

| 类别、分类 | | 讲义科目的类别 | | 最低修得学分数 |
|---|---|---|---|---|
| 教养教育科目 | 教养基础科目 | 情报科学科目 | | 2 |
| | | 健康·体育科学科目 | | 1~2 |
| | | 教养科目 | | 0~1 |
| | | 地域科学科目 | | 1 |
| | | 外国语科目 | 英语 | 6 |
| | | | 外语初学者 | 4 |
| | | 小计 | | 15 |
| | 讲义科目 | 全学：理科Ⅰ科目 | | 6 |
| | | 全学Ⅱ科目 | | 6 |
| | | 学部科目 | | 8 |
| | | 小计 | | 20 |
| | 自由选修科目 | 自由选择科目 | | 4 |
| | | 小计 | | 4 |
| | 计 | | | 40 |
| 专门教育科目 | | 学部共同科目 | | 16 |
| | | 课程科目 | | 36 |
| | | 演习 | | 8 |
| | | 专业限选科目 | | 26 |
| | | 计 | | 86 |
| 合计 | | | | 125 |

　　夜间课程划分与日间课程大体相同。从大的门类来看被划分成教养教育、专门教育、自由3类科目，这与日间课程相比额外增加了自由类科目。

　　选择夜间授课模式的学生毕业所需要的最低学分数是124学分，这其中包括教养教育科目修得的最低学分数32学分、专门教育科目修得的最低学分数68学分，以及自由类科目的最低毕业学分数24学分（如表3-5所示）。

表 3-5　长崎大学本科经济学专业夜间课程结构与毕业最低学分要求

| 类别 | 讲义科目类别 | 最低修得学分数 |
|---|---|---|
| 教养教育科目 | 教养一科目 | 2 |
| | 情报科学科 | 2 |
| | 外国语科目 | 6 |
| | 全学：理科Ⅰ科目 | 6 |
| | 全学Ⅱ科目 | 6 |
| | 学部科目 | 6 |
| | 自由选修科目 | 4 |
| | 计 | 32 |
| 专门教育科目 | 学部共通科目 | 6 |
| | 课程科目 | 58 |
| | 演习 | 4 |
| | 计 | 6 |
| 自由科目（教养、专门） | 24 | |
| | 124 | |

本科经济学专业日间课程和夜间课程，其目的都是从学生的实际要求出发，给提供学生最好的课程，为它们提供最好的教育。不同学生可以根据各自的需要进行适当选择，这无疑为学生提供了更大的便利。同时也可以吸引大量的社会人进入学部学习，他们一边可以选择白天工作，同时可以利用晚上的时间进行学习和研究，这样一来，也解决了他们对知识的需求和他们对学历的要求问题。

**（二）帝京大学本科经济学专业课程结构与类型**

为让学生毕业获得学位授予所要求的能力，帝京大学经济学部采取以下的方针编制课程：第一，学生从1年到3年，通过小班制的学习，培养演示能力、沟通能力和解决问题的能力；第二，通过选修学部共同的入门科目和必修度较高的选修科目，学习日本与世界的经济、地区经济、企业经济、旅游的基础理论和知识；第三，通过专业限选课，培养学生具备解决日本和世界经济、地区经济、企业经营、旅游相关的问题的能力。

1. 以实际的经济为题材，对经济现场和理论进行综合的学习

经济系在课程中设置了丰富的课程选项。从自己感兴趣的领域进入经济学领域，培养创造力丰富的思考习惯和竞争感觉。大学、企业、政府官僚出身的教授阵容进行了以现代日本的经济活动和实际的企业活动为题材的实践指导，使学生均衡地学习经济的理论，并加以实践。

2. 通过各界出身的教授来进行实践授课

经济系课程的选择范围很广，学生可以从自己感兴趣的领域进入经济学领域来学习。授课教师由大学、商界、官界人士组成。采用把经济理论与历史与现实紧密联系的实践型授课方式。包括如日本经济入门、生活经济学、博弈论、现代日本经济史等课程。在信息化、国际化等背景下，日本经济以前所未有的速度发生变化，因此，理解经济理论和分析方法，解读报纸、杂志等经济和预测报道，灵活应对变化的经济环境的能力，成为所有社会人必备的品质。该课程运用基本的宏观经济理论探讨日本经济的足迹，加深对"失去的 20 年"和日本经济复苏的展望等日本经济现状和问题点的理解。另外，充分发挥教师作为政府的经济学者所具备的丰富的实际业务经验，以掌握实践性的经济分析能力和经济学的思考能力，解读经济动向的能力为目标。

3. 生活经济学课程

生活经济学课程是让同学们从经济学的观点来思考身边的问题(或者将来可能发生问题)及与"工作""生活"有关的问题。例如，"不结婚和不生育的人正在增加是为什么?""人们的生活方式随着时代变迁发生了怎样的变化""孩子的花费是多少"等。课程内容方面，则把焦点放在商品的交易和流通、贸易等方面，这些问题都可以通过经济学理论来思考。而且，在这门课程中通过考察相关数据，培养学生客观思考人们生活背后问题的习惯。

4. 博弈论课程

博弈论是将人类的经济活动和社会活动，全部看作单纯的游戏，是一种探究某种定律的学问。在博弈论里，企业的销售竞争、经营者和劳动者关于薪水的契约、政府的政策，甚至恋人之间的约会，全部作为游戏来分析。分析的特征是描写玩家之间的"推理对战"，也就是说，将玩家头脑里的想法全

部暴露出来，以行动来阅读。博弈论对学生就业很有帮助。把就业看作游戏的场合，无论是应聘者还是人事（用人单位）都要推测出对方的要求，选择对自己有利的行动。学习博弈论，一定能帮助学生推理和看清人事背后的各种情况。

5. 现代日本经济史课程

现代日本经济史课程授课范围从二战后的经济复苏到经济高度成长期。最初的课堂授课是这样展开的：首先推翻了一般的认知常识，如"战败时的日本经济绝对处于一片废墟的状态。"，接下来，探讨二战时的日本经济存在什么样问题，战后的经济政策是如何解决这些问题的。高度经济成长相关内容的主题是：50年代恢复到战前水平的日本经济为什么需要高度的经济成长？如何达成的？这其中，日本的社会是怎样变化的。高度经济成长是日本人闪耀光芒向前的时代。但是，一方面取得了令人刮目相看的经济成长，另一方面在被光芒掩盖的部分却产生了巨大的矛盾。那么，矛盾是什么呢？它给现代的日本经济带来了怎样的影响呢？《现代日本经济史》的课程内容直接关系到现代的日本经济。

## 五、经济学专业课程与社会经济发展的关系

### （一）对日本经济学专业课程的分析

通过以上日本高校本科经济学专业教育课程体系的梳理发现，20世纪90年代，日本才开始了真正意义上的大学课程改革。课程改革主要体现在课程设置和课程内容上。

在课程设置方面，各大学依据本校的教育理念和培养目标，调整了教养科目与专业科目的比例，注重基础知识和专业知识的均衡。编制课程时，更多考虑到在向学生传授所在学部的专门知识的同时，培养他们具有广泛的教养、综合的判断能力和丰富的个性①。对日本经济专业课程进行分析发现以下几个特征。

---

① 高等教育研究会编. 大学の多様な発展を目指して（Ⅲ）[M]. 東京：行政株式社，1992：22.

1. 重视基础到专业课程知识体系性的学习

九州大学经济学部非常重视基础教育课程的学习。1、2 年级开设了基础教育研讨课、经济学入门、经济史入门等，3、4 年级开设了应用经济学、计量分析、经济理论等课程；福冈大学也重视基础知识的积累，在低年级开设日本经济史、经济学入门等课程。

2. 课程模块式设置

如东京大学经济学科设置 10 个课程模块；早稻田大学经济专业设置 4 个课程模块；九州大学则把课程划分成 I 类课程、II 类课程和其他类课程。

3. 重视外语与数学教育

福冈大学经济学部在 1、2 年级设置英文书籍讲读；九州大学设置语言文化科目。东京大学非常重视数学知识的积累，向学生提供数学 I 、数学 II 等。

4. 重视演习课和少数人教育的研讨式学习

几乎以上每所大学都设置了演习与研讨式类课程。如福冈大学在 1~4 年级都设有演习课，如 1 年级设置初次演习，2 年级设置基础演习 A/B 与特别演习 I ，3、4 年级设置特别演习 II 与演习 A/B/C/D 等。

**(二) 日本经济学专业课程与社会发展关系的分析**

经济学是一门研究人类社会进行生产、交换、消费等活动之中规律的学科。经济学已经成为社会科学中，最为重要的学科之一，为各国的经济增长和经济发展做出了重大的贡献。

1872 年，日本明治政府公布了《学制》，进行教育改革，建立起现代教育体制。而经济学科就是在这个新的教育体制下诞生的。从日本经济学专业的发展史来看，经济学科在日本国内许多大学都被设置。此外还有许多大学的学科种类发展最初是以经济学研究和教育为核心的，之后逐渐形成经济类和综合类大学。如原东京经济大学发展成著名的一桥大学、原福冈经济大学发展成福冈大学。现在的一桥大学和福冈大学都已经成为综合性大学，但经济学研究和教育，以及经济学人才培养仍然是其重点之一。

回看日本高校本科经济专业教育历史发展进程，我们不难发现，二战后的日本社会千疮百孔，国家经济完全处于瘫痪状态。高等教育也受到了严重的影响。但战后的日本经济很快复苏，又得到了快速的发展。探究原因，这一切都归结于教育的普及与发展。1956 年的《大学设置基准》规定，大学课程设置分为四类，分别是一般教育课程、外语类课程、体育保健课程和专门课程。专业课程所占比重最大达 60%，其次是一般教育科目 30%，最后是外语和体育类的 10%。日本高校经济专业课程设置与大学的教育理念和培养目标是始终保持一致的。因此，日本高校经济类专业课程的设置、改革与演变为日本社会培养了大量的经济学、管理学、商学人才，为日本经济增长与经济发展做出了巨大贡献。

小结：课程体系是高校人才培养体系中的重要一环，在高校人才培养体系中发挥着重要的作用，是各大学人才培养目标的具体实施环节与途径。本章探讨了当代日本高等教育课程改革事实，主要内容涵盖日本高等教育本科课程改革的背景和高等教育本科课程改革的内容及特点。接着以研究型大学、普通型大学、应用型大学的本科经济专业课程类型和课程结构为落脚点进行论证与分析，旨在宏观把握经济专业的课程结构和课程体系；最后对经济学专业课程与社会经济发展的关系，包括对日本经济学专业课程的分析和日本经济学专业课程与社会发展关系进行总结与分析。研究发现，得益于近现代日本高等教育的课程改革及日本不同类型高校下的人才培养目标，不同种类的高校特定经济学课程类型和专业课程结构都建立了本科经济学专业的课程体系，这些独特的课程体系也为不同类型的高校的人才培养做出了巨大贡献。

# 第四章　日本高校本科经济学专业教育的教学途径与方法

培养社会经济发展所需要的复合型人才是日本高校的培养目标，强调高校在开展理论教学的同时，也要不断充实和加强应用技术方面的实验内容。日本高校改变了传统的那种理论教学高于实验教学的旧思维模式，将二者置于同等重要的地位。相对应的本科经济学专业教育的教学途径便不再限制在课堂教学中，也包括课外活动、学生团体活动等，三种不同类型的大学本着以学生为主体的教育理念，构建了具有特色的教学途径和方法，以确保达到学校的培养目标。

## 一、日本高校本科阶段教学途径与方法概述

日本的学分制是第二次世界大战时从美国引进的。日本的大学学习科目数不胜数，十分庞杂，但是学生可以依据自己的兴趣所在选择自己喜欢的课程，无论是文科类还是理科类都可以选择。学生本专业的学分也仅仅占学校设置的总课程学分的二分之一。专业学分还包括必修和选修专业。这种学分制在确保学生能学习到真正的专业知识的同时，还可以让学生按照自己的兴趣和需要去扩充知识面。

日本很多大学中的许多课程是由多位教学和科研经验都非常优秀的专任教师以团队的形式一起开设的，学生们通过学习可以获得丰富的专业知识、提升基本的科研能力。但学生们也可根据各自专业的不同分别来进行选修学习。日本高校本科阶段教学途径与方法主要有以下几个特点。

1. 标准授课时间和授课时间的构成

标准的 1 节课的授课时间为 90 分钟到 100 分钟，但根据授课的内容和方式的不同，可以灵活支配。若考虑到学生上课注意力高度集中的情况，也可采取 50 分钟或 60 分钟一个课时的授课方式。

2. 讲义科目的教育

本科教学基本都设有讲义课程。虽说是讲义课程，但教师不应单纯地依据授课进度进行授课，而应积极采用促进教师和学生之间的交流的系统，如利用 OHP、幻灯片、AV 设备等视听设备和互联网等设备，设置办公室时间接受提问，通过 TA( teaching assistant) 制度进行细致的指导。

3. 演习科目的教育

为了发展和充实学生在讲义课程中获得的理解，以小班教育为宗旨的演习科目，在经济学教育中是必不可少的。在课堂学习上，日本的大学关注大学生的努力程度。教师平常会提出一些问题让学生们思考，同时让学生们在专题课堂上发表意见，教师可以进行总结和教导，还专门开设演习课。

4. 实习科目的教育

日本大学本科专业将信息处理和经济英语等实习科目与内容相关的讲义科目和演习科目并行设置。通过这些课程的设置希望学生对实习科目的教育产生浓厚的兴趣，并帮助学生对讲座内容进行体验式理解。

5. 校外科目的设置

日本各高校设置校外科目。让学生通过实地考察、各种志愿活动、校外实习获得真实的体验。

另外，在学习的过程中，学生可以根据自己的兴趣，在学年的前三个星期内选择去任何课堂中试听，以此来选择适合自己的学科和老师。如果喜欢就继续听下去，如果不喜欢，他们就会停止继续听课，去选别的老师。学生可以评价和选择喜欢的老师的教学方式，这不仅体现了日本高校的学术自由，也是一种激励教师更好地完成工作的重要方式。老师为了让自己的课更加受欢迎，需要尽量从学生的角度去考虑学生的需求，同时努力发掘和改进教材内容，让自己的课更加适合于每一位学生①。

在日本的大学期间，一样的课时往往会让几位教师同时开设，每一位老师的教课期间的侧重点不同，使用的书籍也都根据老师的专长来改变，同学们可以随时做出抉择。

在学科的专业设置上，日本大学更加注重培养学生的全面素养。日本大学只有四个本科期间的经济学类专业，即：经济学、经营学、商学和会计学。② 这些专业在具有相对宽泛的设置口径的同时还具有很强的专业适应性。③④ 同学们在学好专业课的同时，学好与自己专业相关的其他课程也是必不可少的。经济基础决定上层建筑。专业的"宽口径"设置，不仅仅使其适应了现代日本的经济基础，还同时肯定了日本先进的上层建筑并令上层建筑更好地反作用于经济基础。比如，日本的特殊劳动就业人才市场的需求，以及日本大学教育对学生综合能力培养的重视，是一种内外兼得的培养模式，从而打造学生的基本素质，为今后接受企业专项技能培训等可塑性能力的培养和提升打下坚实的基础。

## 二、研究型大学——以东京大学、早稻田大学为例

### （一）本科经济学专业教学目标

1. 东京大学本科经济专业教育目标⑤

东京大学经济学专业以培养具有国际竞争力、创新能力的人才为目标，具有超越理论、统计、政策、历史流派的广泛综合知识。

经济学部的目标是本学部在系统地讲授经济学、经营学的多个领域相关的理论、实证的学说、知识的同时，通过提供在演习等方面进行个别研究的机会，以培养在国际视野上活跃于实业、官界、学术界等领域的人才。

---

① 陈晓飞. 日本大学生和研究生的素质教育[J]. 高等农业教育，2001(12)：92-93.

② 丁刚、罗暖. 国外大学本科经济学教育的典型经验及其启示[J]. 齐齐哈尔师范高等专科学校学报，2010(6)：23-24.

③ 邹晓涓. 中外大学本科经济学教育的比较与借鉴[J]. 山东工商学院学报，2009(10)：121-124.

④ 王艳. 中日经济学类人才培养模式的比较研究[J]. 现代日本经济，2005(02)：57-60.

⑤ 东京大学官网[EB/OL]. https：//www. u-tokyo. ac. jp/ja/index. html.

经济专业的目标是培养能以日本的优势"现场的力量"为基础进行企业经营的商务精英。

2. 早稻田大学本科经济学专业教学目标①

经济学专业必须具备经济方面的专业知识，以此为基础培养对社会发展有贡献的人才。经济现象是人类生存所必需的、不断产生并普及，是支撑着每个人生活乃至整个社会的一种表现。随着社会经济发展形态的日益多元、复杂多样，经济学也在悄然发生着变化。

经济专业的目标是通过提供以经济学为核心的系统的、多种多样的科目群来培养能主动行动的人才，以解决当今社会面临的全球化问题。为此，经济学专业学生在正确理解经济理论和统计学的基础的同时，作为经济学科目群给学生提供讲座课程和演习课程。

另外，还推荐学生通过选修其他专业、全球素养学科等课程，来培养自己具有广泛的教养和更多的思考维度。经济专业毕业生除了一部分毕业后选择继续钻研和深造外，大多数学生能依靠本科阶段所掌握的知识和培养的能力，作为优秀的精英人才活跃在世界银行和 IMF 等跨国企业和经济性的国际机构。

**(二) 本科经济学专业教学内容**

1. 东京大学本科经济学专业教学内容

首先不得不提及的便是"教养学部"②，这是日本一个独特的机构，专门负责为本科生提供通识教育。它成立于 1949 年 5 月 31 日，在二战后与新制东京大学共同发展。其中，教师队伍和教学场所主要来自旧制第一高等学府，其教育理念和制度是由第一任学部长矢内原忠雄创立的，具有"后期专业化与早期涉猎知识全貌"③( late specialization and early exposure ) 的特点。

20 世纪 90 年代，日本逐渐废除了人文教育和通识教育，但东京大学至今仍保留着通识教育的传统。为了使通识教育更适应社会的需要，教育部对通

---

① 早稻田大学官网[EB/OL]. https：//www. waseda. jp/top/.

② 陆一. 21 世纪日本大学通识教育再出发：东京大学与京都大学两种模式的比较[J]. 北京大学教育评论，2015(1)：166-178+192.

③ 陆一. 21 世纪日本大学通识教育再出发：东京大学与京都大学两种模式的比较[J]. 北京大学教育评论，2015(1)：166-178+192.

识教育学科进行了改革。从 2005 学年开始，增加了"学术俯瞰讲义"的内容，旨在通过介绍最先进学科的学术体系和知识结构，更好地服务于通识教育①。

东京大学本科的经济学部同样实行弹性学制②。一般来说，学制是四年。前两年是本科初期的基础课程，大部分集中在教养学部。③ 在接下来的几年里，他们被调到经济学部接受职业教育。最长的学制是 8 年。经济学部基础学科和综合学科的教学，主要由教养学部的教师负责，第四学期由经济学部派教师到教养学部去上课。至于专题报告或其他公开研讨会课程，则主要由经济学部的教授或专家来担任。

表 4-1　东京大学本科经济专业前期课程类别及应修读的最低学分数表

| | 课程类别 | 文 I | 文 II | 文 III | 理 I | 理 II | 理 III |
|---|---|---|---|---|---|---|---|
| 基础科目（必修） | 第一外语 | 6 | 6 | 6 | 6 | 6 | 6 |
| | 第二外语 | 8 | 8 | 8 | 6 | 6 | 6 |
| | 信息处理 | 2 | 2 | 2 | 2 | 2 | 2 |
| | 人文科学基础 | 4 | 4 | 4 | | | |
| | 社会科学基础 | 4 | 4 | 4 | | | |
| | 数理科学基础 | | | | 8 | 4 | 4 |
| | 物质科学基础 | | | | 8 | 8 | 8 |
| | 生命科学基础 | | | | | 4 | 4 |
| | 基础实习 | 2 | 2 | 2 | | | |
| | 基础实验 | | | | 4 | 4 | 4 |
| | 体育运动 | 2 | 2 | 2 | 2 | 2 | 2 |
| | 小计 | 28 | 28 | 28 | 36 | 36 | 36 |

①　郭丽. 东京大学的世界性教育[J]. 考试研究，2013(1)：68-72.
②　楼程富. 东京大学的本科教育特色及基础课程设置[J]. 高等农业教育，2002(3)：93-95.
③　杨明. 中日综合研究型大学本科实施通识教育模式的探索比较——以北京大学、东京大学为个案分析[J]. 高等教育发展研究，2011(6)：30-33.

| | 课程类别 | 文Ⅰ | 文Ⅱ | 文Ⅲ | 理Ⅰ | 理Ⅱ | 理Ⅲ |
|---|---|---|---|---|---|---|---|
| 综合科目（选修） | A、思想、艺术 | 综合科目最低选修18学分，其中A—C系列和D—F系列各最低选修8学分以上 | | | 综合科目最低选修18学分，其中A—D系列和D—F系列各最低选修8学分以上 | | |
| | B、国际、区域 | | | | | | |
| | C、社会、制度 | | | | | | |
| | D、人类、环境 | | | | | | |
| | E、物质、生命 | | | | | | |
| | F、数理、信息 | | | | | | |
| | 小计 | 18 | 18 | 18 | 18 | 18 | 18 |
| ＊主题科目 | 专题报告 | 7 | 7 | 7 | 7 | 7 | 7 |
| | 研讨课程 | | | | | | |
| | 合计 | 53 | 53 | 53 | 61 | 61 | 61 |

＊文科生允许主题科目中最多有4学分由人文社科基础课学分代替①。

相对于2006年进入学校学习的新生来说，他们面临着体制发生变化的挑战。2006年，东京大学在以后的课程中取消了相应的系类变更，成绩从相互孤立变成了环环相扣，每一环节的成绩都十分关键。即：前期学科成绩能决定后期的因素。自2011年起，完成通识教育科目（不含理科类）专业的学生，除上述科目外，还可以选择加入教养学部的专业学科的内容。教养学部后来的专业是"学际性"（学科交叉）、"国际性""先进性"并存的。② 它分为三个交叉学科：文科类的教养学、理科类的综合自然科学、文理融合的学际科学。在通识教育中，除了校园里的各种课程，学校还鼓励学生参加各种课外活动。③ 同时，学校还通过各种渠道支持学生积极参加各种社团、协会、俱乐部和校外实习、志愿者活动，对他们进行兴趣、特长、主动性、适应性等各方面的教育。

---

① 楼程富. 东京大学的本科教育特色及基础课程设置[J]. 高等农业教育 2002(3)：93-95.
② 郭丽. 东京大学的世界性教育[J]. 考试研究，2013(1)：68-72.
③ 郭丽. 东京大学的世界性教育[J]. 考试研究，2013(1)：68-72.

2. 早稻田大学本科经济学专业教学内容

日本《大学设置基准》规定，学生必须修满至少 124 个学分，才能获得本科学士学位的认可，通常每门课一学期 15 课时，通过期末考试的学生可以获得 2 学分，早稻田大学的所有课程分为两类：通识课程和专业课程。[①]

早稻田大学政治经济学部课程类别与学分最低要求如表 4-2 所示。

表 4-2　早稻田大学经济学部课程类别与学分最低要求

| 早稻田大学经济学院经济学系 | |
| --- | --- |
| 课程类别 | 学分最低要求 |
| 文科类 | 20 |
| 外语类 | 16 |
| 专业类 | 74 |
| 选修类 | 0 |
| 总学分要求 | 126 |

早稻田大学的大部分文科类课程分为四类：人文与社会学、哲学与思想史、文学与艺术以及自然生命科学。这四类科目所包含的课时又分为两种：一种是"基础科目"，供大一学生修读，另一种是"相关科目"供大二学生选读。[②] 早稻田大学十分重视数学相关的科目，他们不仅把与数学相关的科目划分为专业类科目，还开设了供大一大二学生修读的选修经济数学、数学统计、多元函数分析。

---

① 山冈道男，浅野忠克，阿部信太郎，等. 日本经济专业本科教育：现状与问题[J]. 北京城市学院学报，2011(2)：27-39.

② 山冈道男，浅野忠克，阿部信太郎，等. 日本经济专业本科教育：现状与问题[J]. 北京城市学院学报，2011(2)：27-39.

表 4-3　早稻田经济专业学生必修数学相关课程和毕业要求

| | 必修课程 | | | 要求 |
|---|---|---|---|---|
| | 课程类别 | 课程名称 | 学年 | |
| 经济学部 | 基础课 | 解析导论、解析 | 1 | 至少选修一门 |
| | 介绍性课程 | 经济学导论 A 和 B | 1 | 全部必修 |
| | 专业课 | 微观经济学 a、宏观经济学 a | 2 | 全部必修 |

通过对以上东京大学和早稻田大学经济学课程设置内容分析可见，日本大学普遍重视学生基础课程的理解和学习，同时也重视培养具有全面素养的学生。大学生公共基础科目的学习通常需要花费两年左右的时间。① 日本教育法中明确规定了基础科目的内涵：即人文科学、社会科学和自然科学。除此之外，外国语、国语、计算机、保健体育等也包含在基础学科的范畴之中。这些课程在整个学科体系中，地位相同，权重相当，这样的培养模式令学生的"偏科"问题得到了强而有力的解决。

**(三) 本科经济学专业教学方法**

1. 东京大学本科经济学专业教学方法

论述东京大学的经济学专业教育教学方法，必须要涉及东京大学的教养学部。由于教养学部承担着各个专业的前期科目要求，自 20 世纪 90 年代起，日本大学开始废除教养学部，但以东京大学为首的日本国内几所大学，继续保留了教养学部。东京大学大一和大二的学生会在教养学部度过两年的前期课程的教育，具体分为文科一、文科二，文科三和理科一、理科二、理科三，共六大类。教育学生从国际视角，超越现有的学术体系和探索新知识的精神。② 经过两年的通识教育，学生们一起进入后期阶段。所谓后期课程就是对早期课程精神的发展，③ 比早期课程更注重学术性、国际性和先进性，从而继续进行专业教育。早期学科的类型对应于后期学科的部门，如表 5-4 所示，

① 丁刚，罗暖. 国外大学本科经济学教育的典型经验及其启示[J]. 齐齐哈尔师范高等专科学校学报，2010(6)：23-24.

② 吴思佳. 日本东京大学"教养教育"研究[J]. 高等教育研究学报，2016，39(01)：71-75+110.

③ 吴思佳. 日本东京大学"教养教育"研究[J]. 高等教育研究学报，2016，39(01)：71-75+110.

教养学部将所有学生分为三种类型的文科和三种类型的理科。学生在完成两年的前期课程后，会自动转到相应部门学习后期课程①。2006 年，教养学部开始实施新的课程升级制度，以早期课程的综合排名为基础，成绩好的学生可以自行选择后期课程进行学习②。

表 4-4　东京大学前后期课程对应关系

| 前期课程类(1-2 年级) | 主要后期课程学部(3-4 年级) |
| --- | --- |
| 文科一类 | 法学部、教养学部 |
| 文科二类 | 经济学部、教养学部 |
| 文科三类 | 文学部、教育学部、教养学部 |
| 理科一类 | 工学部、理学部、药学部、农学部、医学部、教养学部 |
| 理科二类 | 农学部、药学部、理学部、工学部、医学部、教养学部 |
| 理科三类 | 医学部 |

　　2011 年，教养学部在继承传统的基础上，对以后的学科进行了大胆的重组，进一步适应现代社会和时代变化的需要。教养学部已将 6 个部门的 22 个部门重组为 3 个部门：文系、文理综合系、理系③。因此，后面的学科更加广泛，更有利于学生跨文化、跨领域交流，更适应社会潮流。2011 年秋，教养教育的先导设施 21KOMCEE( 21 Komaba Center for Educational Excellence ) 竣工，该建筑于同年冬季正式使用，尝试谈论形式的演习、Active Learning( 主动性学习)等新授课方式，④ 是以节能环保等多种理念打造的高科技、先进的社会实验场所。2012 年 10 月，以英语授课的 PEAK 项目正式启动。包括日本在内的 11 个国家的 27 名学生参加了第一阶段的学习。⑤

　　日本东京大学的经济学部本科生课程教学形式一般分为三种："讲义""演习""研究讨论课"(seminar)。⑥演习课的含义是指：教师给定课题，学生将自

① 吴思佳. 日本东京大学"教养教育"研究[J]. 高等教育研究学报, 2016, 39(01)：71-75+110.
② 吴思佳. 日本东京大学"教养教育"研究[J]. 高等教育研究学报, 2016, 39(01)：71-75+110.
③ 吴思佳. 日本东京大学"教养教育"研究[J]. 高等教育研究学报, 2016, 39(01)：71-75+110.
④ 吴思佳. 日本东京大学"教养教育"研究[J]. 高等教育研究学报, 2016, 39(01)：71-75+110.
⑤ 吴思佳. 日本东京大学"教养教育"研究[J]. 高等教育研究学报, 2016, 39(01)：71-75+110.
⑥ 李光贞. 东京大学课堂教学中的研究性学习及启发[J]. 山东外语教学, 2012, 33(01)：71-74.

由分组或是以个人为单位分别围绕课题进行研究，最后由学生进行不限制形式的自由汇报，以此来检验他们的研究成果的课程。在全部可行性研究、具体报告的时候，教师是以一个听众的身份来参与的。演习课本质上就是学生们自编自导自演的一出大戏，同学们通过课堂发言的环节和演习课的过程来提升自己、发现自己、创造自己。与此同时，学生们的可行性研究能力、具体报告的能力也会得到提高。在发言时，每一个教师都希望学生能尽己所能地提出自己的独创的观点并加以辩证否定的扬弃。在此过程中，经常能够发表不同且合理看法的学生往往会得到称赞。长此以往，日本的学生们便能够做到在发言时丝毫不感到紧张和怯场，每个人都能开诚布公、淡定自若地发表自己的意见。东京大学经济学部的"演习"课选用分组方式，通常三名学生为一组，每个人都有分工：一人主持、一人发言、一人点评（也有时两个学生的发言也可以围绕一个课题展开，但角度不同），发言时间通常为 30 分钟左右，在另一个学生补充了他的演讲后，他开始回答其他学生的问题。更多的学生踊跃发言，积极提问，当然稍有冷场，主持人也会直接点名某一学生发言，最后由坐在一边的教师对本节课进行总结，① 学生轮排，没有特例，每个人都做过发言人、主持人、点评人，分工明确。

研究性学习在本科学习的过程中非常重要。它是一个促进学生从被动学习科学真理到主动发现科学真理的过渡性学习发展过程。也是本科教学过程中从接受性学习到自我发现学习的一种转化形式。② 东京大学经济学部在学生选课伊始，就贯彻着研究性学习的理念，例如如果对某一门课感兴趣，无论哪一个院系或是哪一个年级的学生都可以选修该门课程，不仅如此，研究生的课程也可以供本科学生们选读③。

东京大学经济学部的部分优秀学生还可以通过申请加入研究生阶段的研究讨论课学习。但是研究生阶段的研究讨论课与本科阶段的"演习"课相比有所不同：首先是同学的结构不同，多数同学是师从某一位导师的研究生，人数相比本科生的"演习"课要少一些，桌椅的排列和中国的会议室类似，大家

① 李光贞. 东京大学课堂教学中的研究性学习及启发[J]. 山东外语教学，2012, 33(01): 71-74.
② 张建林. 大学本科研究性学习的内涵与特征[J]. 湖南师范大学教育科学学报，2005(04): 76-78.
③ 吴思佳. 日本东京大学"教养教育"研究[J]. 高等教育研究学报，2016, 39(01): 71-75+110.

相对而坐；其次是上课的方式不同。即使以研究探讨为主，但因为是研究生，所以更多的是就一个问题做课题发表，通常发言时间相比较长，一名学生的发表时间约在两个小时或以上。

在实践学习过程中，① 东京大学经济学部的教师主要以培养学生的操作能力和实践能力为目标。无论是习题课还是研讨班，最终目的都取决于学生的自主学习，学生可以随意选修东京大学的任何科目进行学习。因此，各个系的学生经常可以聚在一起上课学习。这些同学既有低年级的，也有高年级的，有日本的，还有国外的留学生。东京大学经济学部的学生为了上好习题课或研究讨论课，非常注重演讲的准备。为了准备演讲，学生查阅与主题相关的文献是必不可少的作业。同时，要把握演讲题目相关学科的前沿问题和方向。

2. 早稻田大学本科经济学专业教学方法

早稻田大学政治经济学部采取开放的管理模式和教学方法。② 在教学过程中，学校从培养具有国际视野的开放公民的角度培养学生。在张扬学生个性的同时提倡融合开放。为了培养学生的独立人格和团队精神，学校专门在学校一角设置了半圆形露天讲座平台，③ 为学生提供讲座。讲座过程中，讲座学生站在教室最前面阐述自己的观点，其他学生认真听讲。如有疑虑，可以直接探讨互动。这种开放式模式有助于学生对课内外知识的理解和沟通。

早稻田大学政治经济学部以砂冈和子教授为首提出了 TCDI 模式的教学方式。并对汉语教学做了如下说明：①课程类型以口语强化为主；②必须是以汉语为母语的人才能为教师；③只能在课堂上使用汉语；④上课时不能依赖教材；⑤以完成口语会话的交际任务为主。从以上说明可以看出，这种模式的主要目的是培养语言的交际能力，强化个别化教学，并且对于教师和教学方法的选择有特殊的要求。④

TCDI 模式它不仅改变了过去"读-说-练"的传统教学方式，还利用视频和声音的互动方式来训练交流和对话。在这种模式下，只要教师有效启发、

①　袁川. 适应与务实：日本东京大学创新型人才培养的经验分析[J]. 贵州师范学院学报，2017，33(07)：64-69.

②　郭熠然. 早稻田大学：培养模范国民[J]. 教育与职业，2010(34)：88-90.

③　赵永东. 早稻田大学的办学特色[J]. 考试研究，2013，9(02)：84-87.

④　郑艳群. 日本早稻大学 Tutorial 汉语远程教学模式评析[J]. 世界汉语教学，2004(2)：88-97.

正确推断、适当引导，学生就有机会或可能用自己的话正确表达。

## 三、普通型大学——以九州大学、福冈大学为例

### (一)本科经济学专业教学目标

1. 九州大学本科经济学专业教学目标①

经济和经营学科的专业目标：通过掌握经济学和经营学的基础理论和广泛的教养，丰富的现实感和国际性，正确地应对复杂化多样化的现代经济社会面临的各种问题，培养能够找到解决问题的人才。

以下是九州大学经济学部各个专业对学生所必须具备能力的要求。

**表 4-5 九州大学经济与经营专业学生应具有的能力要求②**

| 经济和经营专业 | | | |
| --- | --- | --- | --- |
| 知识理解 | 技能掌握 | | |
| | 专业技能 | 通用技能 | 态度与志向性 |
| 第一，从理论、结构的角度出发，对当今经济社会的动向进行说明；第二，从历史、实证的角度对产业的消长进行说明；第三，从经营学和会计学的角度，对企业活动的实际情况和应有的姿态进行说明 | 第一，可以从理论、结构的观点来理解现代经济社会所面临的问题；第二，分析现代经济社会的问题，致力于解决问题的企划；第三，可以历史、实证地分析产业的消长；第四，可以预测产业的未来动向，致力于为期望的经济社会制定产业政策；第五，掌握经营健全的企业活动的知识，如有阻碍问题，可运用经营学和会计学的能力来应对 | 第一，掌握经济、经营学的基础理论和广泛的教养、丰富的现实感和国际性；第二，要正确应对复杂多样化的现代经济社会所面临的各种问题，培养找到解决方案的能力；第三，培养从历史、构造的角度分析现代经济社会存在的问题的能力，以及发现并解决问题的能力 | 第一，具有世界视野、自主学习和实践能力，具有较高的专业性；第二，在国际上大显身手的同时，拥有能为自己所属的各种各样的社区的发展做出贡献的潜力；第三，有主动、自立的学习和实践的能力 |

---

① 九州大学官网[EB/OL]. https://www.kyushu-u.ac.jp/ja/.
② 九州大学官网[EB/OL]. https://www.kyushu-u.ac.jp/ja/.

表 4-6　九州大学经济工程学专业学生应具有的能力要求①

| 经济工程学专业 | | | |
|---|---|---|---|
| 知识理解 | 技能掌握 | | |
| | 专业技能 | 通用技能 | 态度与志向性 |
| 第一，从理论、结构的角度出发，对当今经济社会的动向进行说明；第二，从历史、实证的角度对产业的消长进行说明；第三，从经营学和会计学的角度，对企业活动的实际情况和应有的姿态进行说明 | 第一，从理论、结构的观点对现代经济社会所面临的问题理解；第二，分析现代经济社会的问题，致力于解决问题的企划；第三，可以历史、实证地分析产业的消长；第四，可以预测产业的未来动向，致力于为期望的经济社会制定产业政策；第五，掌握经营健全的企业活动的知识，如有阻碍问题，可运用经营学和会计学的能力来应对 | 第一，掌握经济、经营学的基础理论和广泛的教养、丰富的现实感和国际性；第二，要正确应对复杂多样化的现代经济社会所面临的各种问题，培养找到解决方案的能力；第三，培养从历史、构造的角度分析现代经济社会存在的问题的能力，以及发现并解决问题的能力 | 第一，具有世界视野、自主学习和实践能力，具有较高的专业性；第二，在国际上大显身手的同时，拥有能为自己所属的各种各样的社区的发展做出贡献的潜力；第三，有主动、自立的学习和实践的能力 |

2. 福冈大学本科经济学专业教学目标

福冈大学共通教育的目标：② 通过综合大学特有的丰富多彩的共通教育科目，掌握广泛的教养，成为具有社会良知和广泛视野的品格的人才。

在经济学科，不仅可以学习经济理论、经济史、财政、金融等现实问题，还可以广泛地学习从最新的计算机解析技术到身边的家庭开支等内容。其目标是从学习"活经济"的过程中扩展视野，培养综合看时代和社会的能力。这正是经济运行的现代社会，为了坚强地活下去所必须拥有的能力，和成为所有企业、机关所要求的"可靠的存在"的人才相关联。

---

①　九州大学官网[EB/OL]. https：//www. kyushu-u. ac. jp/ja/.

②　刘爽. 日本九州大学通识教育的改革实践和现状[J]. 亚太教育，2016(29)：121-123.

经济学科的培养目标是根据传统的经济学的知识和经济学的思考方法的教育，把培养对经济整体有理解力的经济学人才作为教育理念。基于这一理念，通过学习有关当今经济形势和经济学的理论和应用、经济的历史发展的学习，培养对现代社会及其背后的机制和动态的理解力和洞察力，培养具有综合能力的经济人。

以下内容是福冈大学经济学部对学生所必须具备能力的要求(如表4-7所示)。

表4-7　福冈大学经济学部对学生所必须具备能力的要求 ①

| 福冈大学经济学部 | | |
| --- | --- | --- |
| 知识理解 | 专业技能 | 态度与志向性 |
| ①学生掌握关于人文科学、社会科学、自然科学、体育科学等各个领域相应的教养知识<br>②具备目前未知的关于国内外的经济形势和经济制度的知识，并能够阐明它们的异同<br>③理解从个人到国家层面的不同规模经济活动的机制，并说明与之相关的基本经济理论 | ①通过专业知识和经济理论的学习，建立假设，从适当收集的数据中掌握分析假设的能力<br>②通过专业知识和经济理论的学习，探究经济形势、制度及机制中潜在的问题点及其原因，掌握制定这些解决方案的能力<br>③通过专业知识和经济理论的学习，具备把研究成果归结为逻辑性的文章、并且能简单易懂地向他人说明的能力和能与他人讨论的能力 | ①秉持对经济学及其相关领域所学到的知识和技能更进一步的好奇心和探求心，掌握让这些在实际社会中发挥作用的姿态<br>②具有理解不同社会文化和价值观的态度<br>③不懈怠身心的健康管理，保持继续向上的态势 |

**(二)本科经济学专业教学内容**

1. 九州大学本科经济学专业教学内容

九州大学经济学部为达成专业目标，根据2006年的课程改革，废除过去的课程编制，把课程重新设置成"经济分析模块""产业分析模块""企业分析模块"3个系统的专业科目群。

---

① 福冈大学官网[EB/OL]. https：//www.fukuoka-u.ac.jp/.

"经济分析模块"的目标是把握当今经济社会面临的问题，培养具备分析力、企划力、创造力的人才。"产业分析模块"实证地分析激烈变化的产业社会，以培养能够预测未来动向、规划切实的具体政策、具有灵活创造性应用能力的人才为目标。另外，"企业分析模块"以培养能够带领内外扩展活动场所的企业活动，处理这些问题的能力的人才为目标。在经济和经营学科，除了学习"基础教育科目""基本科目"等广泛的教养科目和基础理论的科目群课程之外，各个系统也设置了"专业限选科目"群（如表 4-8 所示）。

表 4-8　经济与经营学科课程模块①

| 一级模块类型 | 经济分析 | 产业分析 | 企业分析 |
|---|---|---|---|
| 二级模块类型 | 经济统计、社会统计、区域政策、金融系统、国际金融、证券市场、世界经济、贸易投资分析、国际经济政策、开发经济、农业政策、信息经济等课程 | 产业技术、产业政策、产业配置、产业结构、日本经济史、西洋经济史等课程 | 经营政策、经营管理、经营劳务、企业市场分析、成本计算、管理会计、企业会计、国际会计、财务会计等课程 |

1999 年，九州大学将通识教育课程更名为"全校通识教育学科"，共有以下 7 个学科：个体教育学科、语言文化学科、健康体育科学学科、教育核心学科、信息处理学科、基础科学学科和外语交流学科。2011 年，九州大学成立了基础教育学院，随后基础教育学院对通识教育课程进行了重大改革。2012 年 6 月，先后制定了《基础教育课程设置》和《基础教育相关科目一览》。两系共同探讨了课程大纲和教材的编写，为提高教学内容、教学方法和教学评价质量做出了贡献。

新课程改革后，最大的特点是出现了两个全新的学科，即"基础教育讨论课"和"学科协作课"。开设"基础教育讨论课"的目的是培养支撑学生终身自律和成长的"基础学习"。通过对自己和社会的批判性思考，学生可以培养他

---

① 九州大学官网[EB/OL]. https：//www. kyushu-u. ac. jp/ja/.

们主动学习的态度和独自发现问题的能力。课程的主题包括口头报告和与同学和老师的对话，以及口头报告文章。"学科协作学科"设置了"思考知识""思考生命""思考创造"和"思考共生"四个基础学科。这两门课是必修课，在一年级开设，由基础教育学院的老师负责教学。

共通教育科目分为"综合教养科目""外语科目""保健体育科目"以及"学分互换科目"。另外，"综合教养科目"是少人数学习的"教养讨论会"和理解现代社会的"综合系列科目"。

产业经济学科，非常重视经济理论的调查、分析和实证性研究。为了让学生考察经济理论在产业界如何发挥作用而开设了实践性的经济学课程。在学校内外的实习和实地工作也很多，这些实践力和信息素养正是企业和组织需求的东西。产业经济学科目标是培养能活跃在今后的产业界，具备经济理论的商务专家。除此之外，产业经济学科设置了"创业培训计划"和"地区创新程序"两个项目，为学生提供更专业的教育。

2. 福冈大学本科经济学专业教学内容①

福冈大学经济学专业根据学科发展需要，设置了专门教育科目。为了让学生掌握经济学专业的入门知识和学习方法，以全部一年级新生为对象在第一年度设置演习课程。同时，把"微观经济学"和"宏观经济学"作为必修科目。在实践经济分析课程中，通过学习经济学的各种理论、分析手法，来探讨现实经济动向。为加深对其整体的理解，掌握能够展望其未来姿态的能力，又设置了"经济学史""经济数学"等课程。在应用经济学课程中，针对财政、金融等具体经济问题，探讨其形成原因，并寻求解决问题的方法。"财政学""金融论"等课程为专业限选科目。

为了培养学生能掌握与全球化对应的能力，除了设置共同教育科目G. A. P. 科目以外，作为专门教育科目，还设置了"经济学联合课程"和"海外研究者特别讲义"等。

---

① 福冈大学官网[EB/OL]. https：//www. fukuoka-u. ac. jp/.

### (三)本科经济薛专业教学方法

1. 九州大学本科经济学专业教学方法

九州大学非常重视通识教育课程内容的学习和培养。通识教育的主课重在培养学生对各个领域的看法和学生问题意识的形成过程和方法，而不是传授知识内容。[①] 九州大学教学形式多样。例如有讲座课程、少数人研讨课程、演习课程等形式。少数人研讨课程是九州大学的特色，学生在课堂上通过调查、发表、讨论等方式进行交流，起到了很好的学习效果。

日本采用环境影响育人的隐性教育模式建设校园文化，教学、服务、管理教育的示范效应直接或间接地影响着每一位学校成员的学习和生活。[②] 在九州大学里，除了正常的教学和科研活动之外，学生和教师还会进行经常性的沟通和交流。九州大学校园文化的行动要素主要是指具有榜样示范作用的举止、动作，例如，在每周至少一次的研讨课上，老师会通过各种方式为高年级学生树立威信，从而使充分认识到自己地位和作用的高年级同学，更加愿意帮助一起上课的低年级学生。

九州大学的经济和经营学科重视少人数教育的演习课程，全年级都设置了演习课程，特别是三、四年级的演习作为必修课来设置。另外，为鼓励本科学生升入大学院就读，以本科四年级学生为对象，将研究生院讲座科目的一部分作为"特别专业科目"对本科生开放，这些学生如果顺利考取了研究生院，则此部分课程取得的学分，就被认定为研究生时期的学分。

由于尖端科技的快速发展，经济全球化、市场经济化的大力进展等原因，人们对现代经济社会产生了浓厚的关注兴趣，掌握了经济学、经营学的基础理论和广泛的修养，并且通过磨炼丰富的国际感觉，使人类在面临严峻挑战的过程中不断地成长。在经济和经营学科，为培养学生基于现实来提高他们解决问题的能力、国际化的外语交际能力，以及获得广泛的教养，学生可依据其教育课程特点，以及根据自己对问题的关注点来选修课程。

经济和经营学科，在为讲授科目提供系统地学习经济学和经营学的课程

---

① 刘爽. 日本九州大学通识教育的改革实践和现状[J]. 亚太教育, 2016(29): 121-123.
② 王俏. 日本九州大学校园文化的特色及借鉴价值[D]. 东北师范大学, 2013.

的同时，从一年级到四年级配置了一些演习类的科目。

在大学一年级，全体学生在选修作为基础教育科目的经济学入门课程的同时，还能够通过参加基础教育的研讨课程体验大学的学习方法。大学二年级，作为基本科目，可以系统地选修微（宏）观经济学、经营学、政治经济学等。此外，通过选修经济和经营学基本演习，为日后学习符合经济专业的演习科目打下基础。从二年级开始可以选修外国书籍这门课程。然后从三年级到四年级全体学生都可以参加经济和经营演习课程的学习，同时根据个人喜好来选修非必修类课程。

经济工程学专业为学生具备学习基本理论知识、把握经济形势、掌握解决问题的能力提供了系统课程。从二年级到四年级，各个年级都安排了一些演习课，在培养学生自立心的同时，还给学生提供了细致的学习援助活动。

学生在一年级时，学习微观经济学、宏观经济学和国际经济学基础等必修科目。在二年级，学生必须从理论、计量、数理和信息的 3 个领域选修 6~7 个基本科目来学习。三、四年级，全体学生一边参加经济工程学演习，一边根据各自的兴趣进行选择必修科目和自由选择科目的选修，提高关于现实经济的政策课题和数理、数量分析手法的专业知识。

2. 福冈大学本科经济学专业教学方法[①]

福冈大学的学习特色如下：

①与取得资格和各种专业考试相连的学习。设定与取得资格和各种专业考试相关的科目。帮助那些立志想要考取社会科教师、公务员、税务人员等的学生[②]。

②设有国外研究人员用英语授课的"海外研究者特别授课"和与韩国蔚山大学进行交流的"经济学联合课程"等培养国际交流能力的科目。其目标是培养与全球化相适应的国际化优秀人才。

③基于将来的目标和学习的志向为学生设定的 3 条路径。

第一，通过"实践经济分析课程"来培养学生成为具有经济感觉的专业职

---

① 福冈大学官网[EB/OL]. https：//www. fukuoka-u. ac. jp/.

② 何湘宁，王夏炎，姜瑞云. 经济学专业实践教学的几点思考[J]. 经济研究导刊，2009（22）：200-201.

业人、培养学生通过学习获得现代经济社会的实践能力；第二，"应用经济学课程"提高学生的经济理论应用能力，使他们成为在金融及政府部门活跃的人才；第三，通过"社会经济学课程"来提高学生的国际商务能力，把他们培养成为具有广泛的知识和语言能力、灵活思考能力的人才。

为给学生打下坚实的理论基础和实践经验，培养学生们的广阔视野，福冈大学经济学部在一年级开设演习类课程，二、三年级分别开设英语、德语、法语、汉语、朝鲜语的"外语讲读"课程。二、三、四年级之后学生可以根据各自的目标，选择"实践经济分析课程""应用经济学课程""社会经济学课程"来学习。

作为演习科目，二年级配置基础演习科目，三年级设置演习科目，四年级设置演习及论文，并实施小班形式的教育①。学生与担当教师互相协助，对自己选择的课题进行分析、考察，撰写毕业论文。

在专业教育科目中，编入了由实际社会经验丰富的社会人士授课的科目和实习等，使学生树立在社会中担负自己应尽的职责的信念和态度。

## 四、应用型大学——以长崎大学、帝京大学为例

### (一)本科经济学专业教学目标②

1. 长崎大学本科经济学专业教学目标

长崎大学经济学部以"培养具有全球视野、解决现代经济、经营诸多问题的实践经济学家"为教育理念，将解决全球化进程中的现代经济社会诸问题、培养有贡献社会和谐发展能力的人才作为教育目标。这样的人才，具有广泛的修养和经济、经营方面的知识，掌握解决问题和传达结果的相关知识技术，将这些知识和技术，甚至创造性的思考组合起来，逻辑性地俯瞰问题，具有自主地解决问题的能力的人才。

"拥有全球化视野，能解决现代经济和经营的各种问题的实践性经济学家"，具体能力如下：第一，课题俯瞰力；利用经济学和经营学的专业知识，

---

① 周颖. 传感器原理与检测技术课程综合教育改革[J]. 高教学刊，2016(17)：78+80.

② 长崎大学官网[EB/OL]. https：//www. nagasaki-u. ac. jp/.

把握课题的能力；第二，课题解决力：区域内、区域外、国内和国外等具有广阔的视野，并且主动解决课题的能力；第三，沟通能力：能准确传达发现的课题和解决方案等的能力。

(1)长崎大学经济学部政策

必须修满课程规定的最低学分，完成学习任务，具体包括：第一，具备经济学、经营学和法学的专业知识；第二，可以通俗易懂地传达和表达自己的观点；第三，要具有广泛的综合教养，具备专业领域和相邻领域的知识和高度的应用分析能力，掌握着基于现实的解决和谋求新价值的创造的能力；第四，完成各课程的学习到达目标。授予学士(经济学)学位。

(2)经济政策课程的学习达成目标

第一，根据微观经济学、宏观经济学等主流经济学课程，能分析现代社会的经济学现象与问题；第二，要大量地掌握现代社会经济学的知识；第三，习得一系列分析社会现象、阐明问题点、考察解决问题的政策知识；第四，具备对现代经济社会发展做出贡献的热情；第五，习得与现代经济体系相关的法律基本知识。

(3)金融课程的学习达到目标

第一，具有与金融有关的经济学、经营学、法律学的知识；第二，拥有国内外金融方面的知识；第三，习得与金融相关的信息处理方法和模型；第四，理解金融政策和理论；第五，积极致力于解决现代金融经济问题；第六，研究解决现代金融经济问题的方法①。

(4)全球经济课程的学习目标

第一，学习和把握国际经济和国际经营的基础知识及其历史变迁；第二，习得国际关系和国际合作相关的基础知识；第三，习得基于外语的交流能力及其语言背景的文化、社会相关的基础知识；第四，立足国际视野，了解本国的经济和社会的构成；第五，了解世界各种经济和社会，能灵活应对；第六，积极处理国际上的各种问题；第七，可以分析国际性的各种问题。

---

① 何湘宁，王夏炎，姜瑞云．经济专业实践教学的几点思考[J]．经济研究导刊，2009(22)：200-201．

（5）经营与会计课程的学习达到目标

第一，掌握企业的结构、行动、经营管理的各个方面、经营的历史基础知识；第二，理解利用企业会计信息的内部人员和外部人员的观点；第三，掌握企业会计的基础知识；第四，切实理解现代企业的财务、劳务、营销等各个方面；第五，准确理解现代企业会计（会计制度、管理会计等）；第六，感受现代企业经营和会计的各种问题，提取其本质属性；第七，对现代企业经营和会计的诸多问题进行科学的逻辑分析，并能用自己的语言表达出来。

（6）综合经济课程（夜间课程）的学习达到目标

第一，掌握基础教养和现代经济社会广泛的知识和思考方法；第二，掌握经济学、经营学及有关法学的广泛知识及思考方法；第三，运用基础知识和应用知识，掌握实际解决现代经济社会课题的应用能力[①]；第四，掌握在现实社会中担任指导性作用所必需的历史视野、国际视野、异文化理解能力、交流能力；第五，掌握课题发现和探索能力，批判性和逻辑性思考能力；第六，有自主、积极地应对复杂、快速的经济社会的变化，创造新的价值，积极地为地区社会做出贡献的志向[②]。

2. 帝京大学本科经济学专业教学目标[③]

全球化和信息化迅速发展，现在日本经济处于巨大的变革期。经济学部期望学生通过对日本和世界的经济、企业相关的实践性、理论性的知识和技能的学习，把他们培养成能为构建创造性的经济社会和商业模式做出贡献的人才。

（1）帝京大学经济学部的学位授予政策如下

经济学部致力于解决日本经济面临的国民课题和在商务场合发生的问题，同时，以培养对地区经济社会的发展、观光接待产业以及观光城市建设做出贡献的人才为目标。对掌握以下能力并修满规定学分的人授予学位。

第一，学习日本与世界经济、地区经济、企业经营及旅游相关的基础理

---

① 何湘宁，王夏炎，姜瑞云. 经济专业实践教学的几点思考[J]. 经济研究导刊，2009（22）：200-201.

② 何湘宁，王夏炎，姜瑞云. 经济专业实践教学的几点思考[J]. 经济研究导刊，2009（22）：200-201.

③ 帝京大学官网[EB/OL]. https：//www. teikyo-u. ac. jp/.

论知识；第二，应用基础理论和知识，学习日本和世界经济、地区经济、企业经营、旅游面临的各种问题的能力；第三获得解决问题所需的行动力、主体性、教养、伦理观。

帝京大学经济学科的学位授予政策如下：

经济学部的专业目标是在经济全球化的基础上，从国际视野分析现实的日本经济，培养能解决各种各样国民课题的人才。对掌握以下能力并修满规定学分的人授予学位。

第一，可以理解和说明经济学的基础理论；第二，可以根据经济学的理论知识来理解和说明经济的现实；第三，活用经济学的知识和技能，有应对现实经济面临的具体课题的姿态和能力。

帝京大学经济学部以培养能解决今天经济、经营的各种复杂问题的人才为培养目标。通过在学术、官厅（政府）、企业等方面积累丰富的实务经验的教授阵容，实施充满现场感的授课，彻底实现与现实社会相关的实学教育，培养能把握21世纪经济潮流的商务领导。

为了让学生了解经济活动的现场，满足企业要求，开设以培养高质量的学生为目标的职业挑战程序（ECCP）课程，重点强化语言、逻辑思考力、演讲能力等基础能力。帝京大学经济学专业也根据经济学部的要求，在经济全球化的基础上，以培养能从国际视野分析现实的日本经济，致力于各种各样的国民课题的人才为目标。

**（二）本科经济学专业教学内容**

1. 长崎大学本科经济学专业教学内容

经济学部以"培养具有全球化视野、解决现代经济、经营诸问题的实践型经济师"为教育理念，以培养具有解决全球化进程中的现代经济社会诸问题、为社会和谐发展做出贡献能力的人才为教育目标。这种人才具有广泛的文化、经济、经营方面的知识，掌握解决问题和传达结果的知识技术，结合这些知识和技术，再加上创造性的思考，具有逻辑性地俯瞰问题，主动解决问题能力的人才。

由各界出身的丰富多彩的教授阵容进行实践性的授课。经济学科的课程选择的范围很广，可以从自己感兴趣的领域进入经济学，加深自己感兴趣的领域的学习。担任授课的是大学、实业界、官界出身的丰富多彩的教授阵容。

随着全球化和信息化的发展，日本经济正在迎来变革期。在经济学部，为了培养学生把握经济状况，解决问题的能力，经济学部均衡地配置有效的科目。设置很多取得资格证书的特别讲座。目标是培养具有跨学科的教养和专业知识、国际化人才。

2. 帝京大学本科经济学专业教学内容①

帝京大学的经济学部分为经济专业、区域经济专业、经营专业和旅游经营专业。经济专业通过重视实用性的课程，学习现实的经济活动。根据重视实用性的课程，由来自大学、实业界和官界的教授群开展实践性的讲义。选择范围广阔，可以从自己感兴趣的领域开始着手学习经济学，并对自己关心的领域深入学习。帝京大学经济专业课程结构表如表4-9所示。

**表4-9　帝京大学本科经济专业课程结构表**

| 一年级 | 学习经济基础的学年。在学习教养科目的同时，理解社会的现状，对驱动社会的经济活动的机制加深理解，掌握捕捉社会整体的视点 |
|---|---|
| 二年级 | 从经济学的历史和环境的经济等广泛的视点出发学习经济学。同时，立于国际性的视野，正视现实的日本经济，掌握对社会进行分析的基础 |
| 三年级 | 对截至2年级的学习内容加以应用，学习更高层次的经济学。学习具体的经济政策，发现现代经济面临的问题点，磨炼对此加以解决的政策制定的能力 |
| 四年级 | 推进专业课题的研究，作为4年时间的集大成，汇总完成毕业论文。并且，为力争成为注册会计师和税务师等的学生开设特别讲座，支援其获得资格 |

(1)经济专业 PICK-UP 课程介绍

经济专业 PICK-UP 课程考验学生在头脑中自问自答、磨炼简明易懂地进行传达的能力。以三至四人的小组形式对企业事例开展调查，由学生亲自站在讲台上进行发表，这是"基础研讨班"的授课风格。业界的机制和今后的动向、企业经营的秘诀、员工的工作方法等实际的企业活动成为授课的题材。

该课程的授课以学生为主角，定位为进入社会前的练习场所。为此，撰

---

① 帝京大学官网［EB/OL］. https：//www. teikyo-u. ac. jp/.

写摘要、汇报和发表后的质疑应答也在学生之间相互进行。对授课的后半时段展开辩论，进行更加活跃的讨论。学生在发表和讨论时，最重要的是用自己的头脑进行思考。发表时在头脑中整理思路，一边观察听众的反应一边传递内容。进行讨论时，重要的也在于在听取对方说话之后，思考为什么与自己的姿态不同，并对之进行传递。通过授课，不断构筑作为社会一员的基础。

区域经济专业培养能使地区实现活性化和再生的人才。通过与地区企业和行政机构合作，利用重视实地工作的教育计划展开实践性的学习。培养具有冒险精神，能以新的思考方式和思路，使地区充满活力的人才。还和与区域经济专业同在宇都宫校区内的理工系、位于八王子校区的旅游经营专业进行合作，开设课程，展开高密度的授课。区域经济专业课程结构表如表4-10所示。

表4-10  帝京大学经济学部区域经济专业课程结构表

| 一年级 | 力争在掌握经济学基础和广泛的教养的同时，掌握富于国际感觉的高度沟通能力。加深对作为地区活性化核心的观光业的理解 |
| --- | --- |
| 二年级 | 加深对社会现状和经济学的理解，培养分析社会的基础能力。并且，通过基础研讨班，提高作为社会一员应具备的陈述能力 |
| 三年级 | 在学习相关领域的同时，聚集自己希望加深的领域。通过地区经济相关专业科目，从经济学立场出发，加深对地区活性化和再生的理解 |
| 四年级 | 针对地区经济的现状、问题点和原因，从各种角度深入进行考察，掌握应用能力，同时，将4年的学习汇总成毕业论文 |

（2）区域经济专业 PICK-UP 课程介绍

在城市化和国际化不断发展的社会进程中，保留务农山村当地特有文化和丰富大自然的观点重新受到人们审视。该课程目的是了解现有农山村的举措，寻求如何与城市和世界的关联，探寻今后务农山村发展的未来。

授课由在农林水产省供职30多年的老师，运用资料展开经验之谈。有意识地传达实际到访的地区的举措及最新信息。希望通过务农山村的成功故事，让学生们产生兴趣。不仅听课，还希望能联系实践。

有教师指出，考虑地方社会的发展时，了解城市和世界的需求也很重要。从"务农山村的视点"和"都市和世界视点"这两个视点，观察授课中提到的务农山村的现状，能发现该地方的新魅力。

经营专业为了让学生掌握能阐明现实企业经营课题的能力，开设了3门课程，在入学之后的指导时可选修。

①经营课程。

高效学习企业经营所需的专业知识。不仅开设经营相关基础科目，而且针对财务及劳务管理、企业战略、风险商业论等丰富多彩的领域展开学习。

②企业与会计课程。

以理解企业的经营和财务基础为首，就记账管理等实际业务、财务报表制成和阅读方法等，从企业和会计基础到应用展开学习。

③体育经营课程。

在对经营整体进行学习的同时，加深对丰富多彩的体育经营相关领域的理解。毕业之后，不仅可从事职业体育经营，而且可在体育相关普通企业或作为公务员，为企业的活性化和地区振兴发挥力量。

以下为经营专业课程结构介绍，如表4-11所示。

表4-11　帝京大学经济学部经营专业课程结构表

| 一年级 | 在刚入学后进行的指导中，选择课程。学习与企业活动及作为背景的经济活动相关的经营学基础知识，并进而掌握企业决算报告的读法，加深对企业经营的理解 |
|---|---|
| 二年级 | 将"基础研讨班"作为必修科目，根据未来的发展方向和兴趣选修选择科目，深化经营、企业与会计、体育经营3课程领域的学习 |
| 三年级 | 挖掘专业领域，系统学习各种科目。并通过研讨课（研讨班Ⅰ·Ⅱ）活动，磨炼各领域的专业知识、调查方法和陈述能力 |
| 四年级 | 利用迄今培养的知识和经验，深入研究各专业领域的课题，提高能活跃于经济社会的素养。并且，作为4年学习之集大成，汇总完成毕业论文 |

带着目的意识和积极性发现问题，培养学生的解决能力。学生在入学之

后,可从"经营课程""企业与会计课程"和"体育经营课程"3门课程之中进行选择。整个科目按层次分为入门、专业基础及专业发展,学生可结合各自的兴趣、能力和学习进度进行学习。通过理论与实践有机结合的教育,能发现现代企业社会的问题并加以解决。

(3)经营专业 PICK-UP 课程介绍

经营专业 PICK-UP 课程目的是让学生学习和掌握构筑自我解释和理论的技能。

在"研讨班Ⅰ·Ⅱ"(三年级必修)课中,学生们分成几个小组,利用计算机开展虚拟企业经营商务游戏"MESE"。通过"MESE",学习企业会计机制和经营战略,培养在商务一线需要的决断能力和沟通能力。以饮食生活建议型模式的超市为例,学生们亲自探寻历史背景,描绘发展历程,并进行发表等。列举实际的企业事例,阐述概要说明和研究。老师指出,经营专业不仅需要就经济和经营的理论进行学习,更重要的在于培养对现实数据进行分析,确立自己的解释、假说和理论的能力。通过实践性的活动,学习作为社会一员所需的对事物进行调查和分析的能力。

(4)旅游经营专业 PICK-UP 课程介绍

旅游经营专业 PICK-UP 课程主要学习餐饮产业及其经营事情。提起"经营",有人会想起计算销售额和顾客量的学问,而"餐饮产业经营论"将结合消费者的意向和现代趋势,从多角视点进行学习。例如,希望开设店铺时,往往会考虑根据种类,选择经营中餐或法国菜,而用餐的人大部分在选择时会重视预算。

该课程强调,学生今后需要改变的地方,不是接受既定的事实,而是需要转换思路。希望学生能打破常规框架,灵活看待各种事物,迎接新的挑战。

**(三)本科经济学专业教学方法**

1. 长崎大学本科经济学专业教学方法[①]

长崎大学本科经济学专业自创立以来就开展了以"实践经济学家"为目标的人才培养。

---

① 长崎大学官网[EB/OL]. https://www.nagasaki-u.ac.jp/.

从 1998 年开始，为了能灵活应对现代社会的多种需求，将以前的 3 门学科改编为"综合经济学科"，取代"学科制"，采用了新的"课程制"。

作为日间课程，设置了以培养符合现代社会需求的人才为目标的 6 门课程，同时作为对社会人、家庭主妇等的重点教育的机会，开设了 4 年制的夜间主课程——综合经济课程。

长崎大学经济学部所期望的"具有全球视野，能解决现代经济、经营的各种问题的实践经济学家"具体包含以下几种能力：一是课题俯瞰力，即运用经济学和经营学的专业知识，掌握和解决课题的能力。二是具有区域内和区域外、国内和国外的双视野，主动致力于解决课题的能力。三是沟通能力，即能准确传达发现问题及解决办法的能力的人才。

经济学部的课程由被称为教养教育的课程和专业教育相关的课程构成，二者有机地组合，系统地编制。所谓系统地编制课程，是指经济学部课程依次由基础模块科目即教养教育的课程向本专业的学部通用科目乃至更高层次的各个课程科目过渡。另外，还设置了国际商务计划、商务实践技能培养计划、职业教育课程以及教职课程等。学部共通科目为本学部专业教育的基础课程部分，各个课程科目为系统学习每门课程的专业领域的课程，演习课程通过发现和解决专业领域的问题来培养思维能力的课程，自由专业科目有助于综合学习的课程以及每门课程的专业领域的科目。

经济学部在"综合经济学科"的基础上，采用了日间授课和夜间授课两种授课模式，二者有机结合，学生根据自己的兴趣选修不同的模式。主要教学方法包括讲座、演习和研讨等。

2. 帝京大学本科经济学专业教学方法①

帝京大学经济学专业的教学目标是，让学生通过学习能独自面对和处理实际经济生活所面临的各种复杂问题。一、二、三年级作为必修课的演习课，教师通过小班教学的方式，培养学生解决问题、演讲和交际的能力。通过专业限选课学习基础经济理论，通过选修课来分析日本及世界各地区的经济现实，通过"经营""旅游经营"等相邻领域的学习，培养解决实体经济面临的复

---

① 帝京大学官网[EB/OL]. https：//www. teikyo-u. ac. jp/.

杂问题的能力。

（1）帝京大学经济学部教育课程编制方针

为了获得学位授予所要求的能力，经济学部采取以下的方针编制课程。

①学生从 1 年到 3 年，通过小班制的学习，培养学生的演示能力、沟通能力和问题解决能力。

②通过选修学部共同的入门科目和必修度较高的选修科目，学习日本与世界的经济、地区经济、企业经营、旅游的基础理论和知识。

③通过选修课中的必选课、选修课，培养学生具备解决日本和世界的经济、地区经济、企业经营、旅游相关的问题的能力。

（2）帝京大学经济学部学位授予方针

经济学科，以在经济全球化的基础上，从国际的视野分析现实的日本经济，专心致力于各种各样的国民的课题的人才培养作为目标。掌握如下能力，并对修完规定学分者授予学位。

①能理解和说明经济学的基础理论。

②根据经济学的理论知识，能理解和说明经济的现实。

③灵活运用经济学的知识和技能，具备应对现实经济面临的具体课题的姿态和能力。

（3）帝京大学经济学专业教育课程编制方针

为了掌握授予学位所需的能力，经济学科按以下方针编制课程。

①以"生活设计演习"（一年级）、"基础演习"（二年级）、"演习"（三年级）为必修科目，通过小班授课模式培养学生的演讲能力、沟通能力、解决问题能力。

②根据选修科目的"日本经济""国际经济·地域经济"，培养分析日本及世界各地域经济的现实，专心致力于具体课题的能力。

③根据选择科目的"经营""观光经营""信息系"等相邻领域的学习，培养应对现实经济面临的复杂课题的能力和态度。

## 五、经济学专业教学实践与社会经济发展的关系

培养社会经济发展所需要的复合型人才是高校的发展目标，强调高校在

开展理论教学的同时，① 要丰富和加强应用技术实验内容。高校应改变传统理论教学高于实验教学的旧思维模式，把理论教学与实验教学放在同等重要的位置。② 但是由于一些高校吝啬于实验室建设的投入，因此，虽然高校开设了一些热门专业，如电子商务、财税、国际经济与贸易、金融、会计等，但相应的电子商务实验室、财税与电子政务实验室、外贸模拟实验室、财务投资实验室、会计电算化实验室相继未建立，③ 导致学生对各种软件的应用能力不足，影响了大学生实践能力的提高和人才培养的质量④。

经济学是研究人类经济活动规律的学问，⑤ 其研究对象是人的行为和社会现象。由于经济思想和理论受到社会、阶级、历史等因素的影响，经济研究也随着经济的变化而变化。随着社会经济的蓬勃发展，各财经院校将经济学专业的实践教学环节设计成课堂实践教学、校园第二课堂实践教学和社会实践教学等多个方面，并贯穿于整个教学过程⑥。实践教学是培养适应地方经济发展、促进学生将理论知识应用于实践的专业化、高素质财经人才的有效途径。⑦ 实践教学是财经类院校经济学专业整体教学中不可或缺的一部分。它的发展对培养学生的实践能力和创新精神至关重要。在实践教学和理论教学之间，就像人的两条腿一样，缺一不可。高校有效处理好理论教学与实践教学的关系，对于培养新时代高素质财经类专业人才十分有益⑧。

小结：本章对日本高校本科阶段教学途径与方法进行概述。具体包括研

---

① 何湘宁，王夏炎，姜瑞云. 经济专业实践教学的几点思考[J]. 经济研究导刊，2009(22)：200-201.

② 何湘宁，王夏炎，姜瑞云. 经济专业实践教学的几点思考[J]. 经济研究导刊，2009(22)：200-201.

③ 段李杰. 省属经济管理实验教学示范中心运行机制的实践与探索[J]. 管理观察，2009(2)：65-66.

④ 张檀琴，李建权. 思想政治理论课实践教学实效性研究[J]. 山西高等学校社会科学学报，2013(2)：49-55.

⑤ 李迪. 民办高等财经院校经济专业实践教学问题研究[J]. 教育教学论坛，2018，367(25)：150-152.

⑥ 李迪. 民办高等财经院校经济专业实践教学问题研究[J]. 教育教学论坛，2018，367(25)：150-152.

⑦ 李迪. 民办高等财经院校经济专业实践教学问题研究[J]. 教育教学论坛，2018，367(25)：150-152.

⑧ 张欣. 基于对高职学生的调查：浅析高职教育存在的问题及解决对策[J]. 科学咨询(科技·管理)，2012(5)：49-50.

究型大学、普通型大学、应用型大学本科经济学专业的教学目标、教学内容、教学方法等。三种不同类型的大学本着以学生为主体的教育理念，构建了具有特色的教学途径和方法，以确保达到学校的培养目标。

培养社会经济发展所需要的复合型人才是日本高校的培养目标，强调高校在开展理论教学的同时，也要不断充实和加强应用技术方面的内容。日本高校改变传统的理论教学高于实验教学的旧思维模式，而是将其二者置于同等重要的地位。三种不同类型的大学由于其不同的育人目标在教学方法与教学途径的不同，根据这一分析探究经济学专业教学实践与社会经济发展的关系。

# 第五章　日本高校本科经济学专业教育的考核与评价

为适应国内经济发展和国际金融竞争，社会对经济学专业人才的需求有增无减，日本经过不断的高等教育改革，开设的经济学专业的院校迅速上升，大量的学生报考也加剧了经济学专业的竞争，从一定程度上说明经济类专业在日本社会有着广阔的前景。针对社会和学生的需求，日本高校开设了门类众多的课程，学生对这些课程的学习成果不能仅用一种单一的评价标准作为考核结果。于是，日本的研究型大学、普通型大学、应用型大学也在尝试改革以往传统的考核和评价方式。多维的考核和评价有利于经济学专业人才的培养。

## 一、日本高校本科阶段经济学专业教育考核与评价概述

### (一)日本高校经济学专业发展现状

1. 日本高校经济学专业学部数量

2009 年，全日本共有 773 所四年制本科大学，其中 86 所为国立大学，92 所为公立大学，其余的 595 所都是私立大学[1]（如表 5-1 所示）。在 773 所四年制中，经济类院校 168 所，工科院校 149 所，文科院校 133 所。在 168 所经济类院校中，36 所是国立大学，16 所是公立大学，116 所是私立大学。[2]

---

① 山冈道男，浅野忠克，阿部信太郎，等. 日本经济学专业本科教育：现状与问题[J]. 北京城市学院学报，2011(2)：27-39.

② 山冈道男，浅野忠克，阿部信太郎，等. 日本经济学专业本科教育：现状与问题[J]. 北京城市学院学报，2011(2)：27-39.

表 5-1　大学与学部的数量

| 学年 | 2003 | 2006 | 2009 |
|---|---|---|---|
| 大学总数/所 | 702 | 744 | 773 |
| 国立大学/所 | 100 | 87 | 86 |
| 公立大学/所 | 76 | 89 | 92 |
| 私立大学/所 | 526 | 568 | 595 |
| 学部/个 | 1975 | 2217 | 2435 |
| 经济学部/个 | 168 | 170 | 168 |
| 工学部/个 | 151 | 151 | 149 |
| 文学部/个 | 149 | 143 | 133 |
| 法学部/个 | 124 | 125 | 120 |
| 管理学部/个 | 80 | 83 | 88 |
| 商学部/个 | 50 | 49 | 42 |

数据来源：日本教育、文化、体育、科技部（MEXT），《2009 年学校基本状况调查》各年版①。

　　2009 年，全部招生专业中报考经济学院的学数最多，为 384 009 人，其次是报考文学院的，为 325 509 人，所有经济学院报考者中有 29 449 人报考国立大学，19 824 人报考公立大学，334 736 人报考私立大学，最终共有 55 050 人被各经济学院录取。其中，6 790 人被国立大学经济学院录取，3 381 人被公立大学经济学院录取，44 879 人被私立大学经济学院录取②。（如表 5-2、表 5-3 所示）

---

① 山冈道男，浅野忠克，阿部信太郎，等. 日本经济学专业本科教育：现状与问题[J]. 北京城市学院学报，2011（2）：27-39.
② 山冈道男，浅野忠克，阿部信太郎，等. 日本经济学专业本科教育：现状与问题[J]. 北京城市学院学报，2011（2）：27-39.

表 5-2　2009 年大学统计数据①

| 学校类型 | 学校数量(所) | 本科生人数(人) | 报考者人数(人) | 录取人数(人) |
|---|---|---|---|---|
| 国立 | 86(11.1%) | 452 225(17.9%) | 403 417(11.1%) | 101 847(16.7%) |
| 公立 | 92(11.9%) | 118 063(4.7%) | 148 050(4.1%) | 28 414(4.7%) |
| 私立 | 595(77.0%) | 1 957 031(77.4%) | 3 075 396(84.8%) | 478 469(78.6%) |
| 合计 | 773(100.0%) | 2 527 319(100.0%) | 3 626 863(100.0%) | 608 730(100.0%) |
| 学校类型 | 经济学部本科生人数 | | 经济学部报考人数 | 经济学部录取人数 |
| 国立 | 31 072(13.3%) | | 29 449(7.7%) | 6 790(12.3%) |
| 公立 | 14 338(6.1%) | | 19 824(5.2%) | 3 381(6.1%) |
| 私立 | 188 628(80.6%) | | 344 736(87.2%) | 44 879(81.5%) |
| 合计 | 234 038(100.0%) | | 384 009(100.0%) | 55 050(100.0%) |

数据来源：日本教育、文化、体育、科技部(MEXT)，《2009 学校基本状况调查》②。

表 5-3　经济学部学生人数③

| 学年 | 2003 | 2004 | 2005 | 2006 | 2007 | 2008 | 2009 |
|---|---|---|---|---|---|---|---|
| 经济学专业学生人数 | 266 720 | 257 005 | 249 602 | 242 410 | 237 557 | 235 666 | 234 038 |
| 本科生总人数 | 2 509 347 | 2 505 923 | 2 508 088 | 2 504 885 | 2 514 228 | 2 520 593 | 2 527 319 |
| 百分比 | 10.63 | 10.26 | 9.95 | 9.68 | 9.45 | 9.35 | 9.26 |

数据来源：日本教育、文化、体育、科技部(MEXT)，《学校基况调查》各年版④。

## 2. 日本高校经济学专业培养模式

二战后日本经济飞速发展，高等教育在其中起到了举足轻重的重要作用。自 2003 年《科技白皮书》确立经济学人才培养定位以来，"远山计划"在日本大

---

① 山冈道男，浅野忠克，阿部信太郎，等. 日本经济学专业本科教育：现状与问题[J]. 北京城市学院学报，2011(2)：27-39.

② 山冈道男，浅野忠克，阿部信太郎，等. 日本经济学专业本科教育：现状与问题[J]. 北京城市学院学报，2011(2)：27-39.

③ 山冈道男，浅野忠克，阿部信太郎，等. 日本经济学专业本科教育：现状与问题[J]. 北京城市学院学报，2011(2)：27-39.

④ 山冈道男，浅野忠克，阿部信太郎，等. 日本经济学专业本科教育：现状与问题[J]. 北京城市学院学报，2011(02)：27-39.

学体制改革政策的实施中得到进一步重视。① 因此，对日本高校的经济学科教育进行分析，对日本的经济型人才培养模式的经验进行学习，无疑对于完善我国的经济型人才培养模式意义重大。②

（1）学科专业设置口径较为宽泛，注重培养学生的一般性能力③

在专业设置上，日本大学重点关注对学生进行全面培养。学生在学习专业课的同时，也要进行其他与专业相关的课程的学习。专业的"宽口径"设置，使学生适应现代科学技术的快速发展以及产业结构的调整，也满足了日本特定劳动力市场的需要。

（2）普遍强调学生基础课程的学习，重视全面素养的培养

日本大学在普遍强调学生基础课程学习的同时，格外重视学生综合素质的培养。④ 学生一般需要进行两年的公共基础课程学习，根据日本《教育法》的要求，基础课程包括人文科学、社会科学和自然科学⑤，以及外语、国语、计算机、健康体育等。为了避免学生偏科，这些课程的地位在课程体系中是相同的。⑥ 正是因为建立在扎实的基础课程之上，大学生可以在日本大学经济学专业的教学和研究中顺利开展跨学科研究和综合研究。

（3）培养方案灵活，学校掌握较大自主性

日本的大学虽然在立法上统一了大学生应具备的基本知识结构，但没有硬性规定高校经济学专业的具体培养方案，使各高校发挥各自的优势，因材施教，制订的培养方案适合学校和学生的发展。与此同时，学生可以在学校制订的培养方案基础上，将自己的爱好、特长与培养老师的意见相结合，制订个人的学习计划。⑦

---

① 邹晓涓. 中外学本科经济学教育的较与借鉴[J]. 东商学院学报，2009(10)：121-124.

② 王艳. 中经学学类才培养模式的比较研究[J]. 现代日本经济，2005(2)：57-60.

③ 丁刚，罗暖. 国外学本科经济学教育的典型经验及其启示[J]. 哈尔师范等专科学校学报，2010(6)：23-25.

④ 江潭瑜. 中外校才培养模式的较与借鉴[J]. 特区实践与理论，2007(4)：61-64

⑤ 丁刚，罗暖. 国外学本科经济学教育的典型经验及其启示[J]. 哈尔师范等专科学校学报，2010(06)：23-25.

⑥ 邹晓涓. 中外学本科经济学教育的较与借鉴[J]. 东商学院学报，2009(10)：121-124.

⑦ 丁刚，罗暖. 国外大学本科经济学教育的典型经验及其启示[J]. 齐齐哈尔师范高等专科学校学报，2010(6)：23-24.

3. 日本高校经济学专业学生的课程需求

日本专家通过调查，发现学生的需求主要集中在两个方面：一是"事例研究法"课程的设置，即对符合现实社会的某些主题进行讨论；二是"实际业务教育"课程的设置，其目的旨在获得某些资格。

日本当代社会的大学生更需要学习新鲜事物，即现代社会的新现象、新事物等，使之更有朝气与活力。例如，学生们根据公司证券报告讨论经济问题和商业前景的课程；讨论日本财政赤字和现状的课程；根据数据分析和讨论亚洲经济现状和美国经济繁荣的可持续时间的课程，虽然这只是一种意向，但它显示了学生对案例研究的需求①。

当然，要开设这样的课程，必须具备必要的经济学理论。但是，如果学生把这些理论作为分析实际经济情况的工具来进行学习的话，他们也许不会对此感到枯燥和不愿接受，而是愿意掌握和运用它。因为"填鸭式"的教学方法一贯是被学生拒绝的，而用自己的头脑分析现实、学会思考方法的机会才是学生真正想要的。正如大学教授米山城所言，关键问题不是上哪所大学，而是在大学学习时是否掌握了创造性的思维方法。

此外，"实际业务教育"也是十分重要的一环。在日本，基础理论占据了经济系课程中的绝大部分。换言之，日本经济专业课程的目的在于培养不同类别的经济学家，而非培养实业家和商人，② 从这个角度来看，增设实际业务教育科目，增加真实的商科实践机会，其必要性可见一斑。

以上内容是基于日本学生在学习经济学时希望学习的知识。但是，改革的速度似乎跟不上社会进步的步伐，学生的需求得不到满足，从而引发学生对学校教育的不信任。③ 一旦学生认为，在学校接受的教育与社会需求相去甚远，其导致的最终结果便是经济系的考生人数不断下降，而考试难度也不得不随之逐渐降低。据统计，在 1998 年的日本大学的升学考试中，经济、经

---

① 陈云哲. 日本经济学系学生最想学到什么——日本大学现状给我们的启示[J]. 吉林教育科学，2000(2)：75-76.

② 陈云哲. 日本经济学系学生最想学到什么——日本大学现状给我们的启示[J]. 吉林教育科学，2000(2)：75-76.

③ 陈云哲. 日本经济学系学生最想学到什么——日本大学现状给我们的启示[J]. 吉林教育科学，2000(2)：75-76.

营、金融、商学的报考人数比 1998 年减少了 8.6 万人,[①] 减幅 10.14%。

**(二) 日本高校经济学专业学科分类与课程设置**

1. 日本高校经济学专业学科分类

日本大学非常重视学科分类与专业设置。日本高等学校有权建立自己的学科。国家对学科的分类只是对学科发展方向的一般性指导,并不会制定各高校必须实施的要求和标准。学科分类的不断变化在学科发展的过程中具有必然性。从学科分类和学科变迁的角度,既可以看到学科发展的趋势,也可以看出基础学科在学科领域的重要地位。同时,学科分类也在一定程度上反映了学科构成的基本内容,为教育工作者根据学科的内容和特点制定适合自身学科的培养目标、课程体系、教学方法和考核体系奠定了基础。[②]

日本高校经济学在专业划分上主要分为两大类,即经济学和经营学。日本的经济学学科划分有自己独特的特质。把"理论经济学"和"应用经济学"作为经济学领域的重要组成部分。同时日本将经济理论、经济思想、经济统计、经济史、经济政策、财政学和金融理论等领域与理论经济学、应用经济学并列,形成经济学的二级学科。此外,日本在学科划分上采取的指导性而非强制性的思想,也为学科的延伸和发展及新兴学科的出现留下了空间。[③]

2. 日本高校经济学专业课程设置

课程的设置是根据学科的内容和特点制定的训练内容。因此,科学合理的课程设置是直接关系到学生素质培养目标实现的重要环节。日本高校经济专业课程设置主要由一般传统意义上的通识教养课程和培养专门知识的专业课程构成。

通识教养课程一般在各个高校的教养系进行,对象以大学的一年级和二年级学生为主,培养学生的基础知识和综合素养。而专业知识学习基本在所在学校经济学部来完成。

---

① 陈云哲. 日本经济学系学生最想学到什么——日本大学现状给我们的启示[J]. 吉林教育科学, 2000(2): 75-76.

② 伏润民. 中外大学经济学科划分及课程设置的比较研究[J]. 中国大学教学, 2008(1): 88-91.

③ 廖小健. 也论"华人经济"[J]. 世界民族, 2005(3): 36-43.

　　经济学专业的课程设置强调基础型和层次性。经济学导论是学生学习专业基础课的基础。日本的介绍课程是通过"经济原理"课程完成的。日本非常重视专业基础课和专业课的必备知识，很多必备知识已经成为选择专业基础课和专业课的前提。低年级或未完成必要知识课程的学生往往不能选择高年级或高层次的专业课程，这对学生基本技能的培养非常有利。由此可见，日本对经济学基础理论的层次性教育要求很高。

　　日本许多大学把"微观经济学"分为三个层次，"宏观经济学"分为五个层次。第一个层次的"微观经济学"和前三个层次的"宏观经济学"是为本科生开设的，后两个层次的"微观经济学（宏观经济学）"是为研究生开设的，[①] 但也可以为完成必要课程的高年级本科生挑选。

　　经济学基础类课程的增加反映了日本高中经济学知识教育与大学阶段的差距。这也表明日本学生在高中阶段学的"经济"大多是经济现象、[②] 经济知识，而非经济学本身。一些学生，特别是大一新生，会发现很难理解经济学部专业课所涉及的理论和抽象的数学内容。为了提高经济学专业大学生的知识水平和理解能力，必须使高中和大学的经济知识更好地联系起来，使高中阶段的经济学学习与大学阶段更好地衔接。

　　为此，每所大学在课程设置中，都为大一课程给予相应的基本标准的要求，为大二的学生提供专业课或特色课等基础课程。[③] 基础微观经济学和宏观经济学列为经济学学习的核心课程，但是这两门课的中级课程和应用型经济学课程则很少被列为必修课程。[④] 很多大学会为大三与大四学生开设研讨课，大多是以必修课或选修课的形式。在这门课程中，学生通常被要求就他们感兴趣的科目向导师或学部提交论文。特别是在一些国立大学里，那些在经济方面有很高造诣和能力的本科生可以在大四时修读研究生课程。这种将本科

　　① 伏润民. 中外大学经济学科划分及课程设置的比较研究[J]. 中国大学教学，2008（1）：88-91.
　　② 山冈道男，浅野忠克，阿部信太郎，等. 日本经济学专业本科教育：现状与问题[J]. 北京城市学院学报，2011（2）：27-39.
　　③ 山冈道男，浅野忠克，阿部信太郎，等. 日本经济学专业本科教育：现状与问题[J]. 北京城市学院学报，2011（2）：27-39.
　　④ 山冈道男，浅野忠克，阿部信太郎，等. 日本经济学专业本科教育：现状与问题[J]. 北京城市学院学报，2011（2）：27-39.

课程与研究生课程相衔接的学习体系，反映了当前大学生经济知识水平存在差距的现状①。

### (三) 日本高校经济学专业的教学与考核方式

#### 1. 日本高校经济学专业的教学方式

教学方式是在教学过程中教师和学生为实现教学目的、完成教学任务而采取的各种活动方式、手段和程序的总称。日本大学经济专业的教学主要采取"讲义""演习"和"研讨课"的形式来进行。基础性课程主要采取"讲义"形式，实践性课程和研究性课程主要通过"演习"和"研讨课"的形式展开。

经济学基础理论的学习基本上采取"讲义"式的教学方式，老师主讲，学生聆听，最后以闭卷考试的单一形式完成，不强制完成基础理论教科书中列出的习题。"演习"和"研讨课"以小班或少数人的形式进行。

#### 2. 日本高校经济专业的考核方式

日本高校经济专业的考核方式主要由两个部分组成：一是内部考核，二是外部考核。内部考核是各个大学的学部组织校内外专家、教授根据学科专业要求实施的考核。外部考核即第三方考核，包括其他学校相应领域学科的专家、学者、教授等。考核范围包括学科教育理念和教育任务、学科基础设施、软件硬件条件、课程设置、教师数量与职称结构、毕业生人数与就业率等。考核一般情况下都是先由接受考核的学校相关专业预先准备好本学科专业的自我评价报告书，然后，聘请外部第三方专家对自我评价报告书的内容进行实地考核与评价。评估结果最后向社会公布，一方面便于接受社会的监督，另一方面也会促使学校各个专业通过专业性考核不断提高自身水平，实现各个学科既定的教育教学任务和培养目标。

日本《经济学教育基准》规定：日本大学经济学部的教育标准从过去的设置标准转向评价标准，即所有大学、学部每 7 年接受一次第三方评价。不仅公布评估结果，而且公布评估标准的方式，第三方评估可以发展为社会性的评估。这是因为本标准是接受国民委托，按照一个能够使高等教育机关（大

---

① 山冈道男，浅野忠克，阿部信太郎，等．日本经济学专业本科教育：现状与问题[J]．北京城市学院学报，2011(2)：27-39.

学、学部)自我发展的社会性的标准来制定的①

## 二、研究型大学——以东京大学、早稻田大学为例

### (一)东京大学本科经济学专业评价标准和考核方式

东京大学经济学专业本科专业评价的标准可以从以下几个方面窥见端倪。

1. 学生接收

(1)升学(入学)

2014(平成 26 年)年度经济学部升学者总数为 338 名,其中,文科 II 类中有 277 人升学,文科 I 类 12 名,文科 III 类 30 名,从理科 I、II 类升学了 21 名。经济学部升学的学生数量的变化如表 5-4 所示。2010—2014(平成 22—26 年)的 5 年间的升学人数稳定在 338—339 名,基本与预期人数持平。由此可见,经济学部本科生的入学率非常高,生源基本稳定。②

表 5-4　东京大学经济学部升学状况

| | 接受预期人数 | 升学内定人数 | | | | | | | 学生留级人数 | | | | | | | 实际升学人数 | | | | | | 经济学学士 非经济学学士 | 决定升学的外国留学生 | |
|---|---|---|---|---|---|---|---|---|---|---|---|---|---|---|---|---|---|---|---|---|---|---|---|---|
| | | 文I | 文II | 文III | 理I | 理II | 理III | 计 | 文I | 文II | 文III | 理I | 理II | 理III | 计 | 文I | 文II | 文III | 理I | 理II | 计 | | | |
| 2010年 | 340 | 3 | 273 | 30 | 17 | 17 | | 340 | 1 | | | | | | 2 | 2 | 273 | 30 | 17 | 17 | 339 | 5 / 0 | 国费<br>外国政府派遣<br>自费 | 2<br>1<br>4 |
| 2011年 | 340 | 2 | 270 | 30 | 19 | 19 | | 340 | | 1 | | | 1 | | 2 | 2 | 269 | 30 | 18 | 19 | 338 | 4 / — | 国费<br>外国政府派遣<br>自费 | 2<br><br>3 |
| 2012年 | 340 | 5 | 282 | 30 | 12 | 11 | | 340 | | 1 | | | | 1 | 2 | 5 | 281 | 30 | 12 | 10 | 338 | 4 / — | 国费<br>外国政府派遣<br>自费 | 2<br>1<br>5 |
| 2013年 | 340 | 4 | 270 | 29 | 23 | 14 | | 340 | | 1 | 1 | | | | 2 | 4 | 269 | 28 | 23 | 14 | 338 | 7 / — | 国费<br>外国政府派遣<br>自费 | 2<br><br>5 |
| 2014年 | 340 | 12 | 277 | 30 | 12 | 9 | | 340 | 1 | 1 | | | | | 2 | 11 | 276 | 30 | 12 | 9 | 338 | 0 / — | 国费<br>外国政府派遣<br>自费 | 2<br><br>6 |

---

① 公益财团法人大学基準准协会[EB/OL]. https://www.juaa.or.jp.

② 日本东京大学官网[EB/OL]. http://www.e.u-tokyo.ac.jp/kenkyuka/report/H2703.pdf.

（2）在籍学生

如表 5-5 所示，东京大学经济学部的在籍学生数量很稳定。2012 年度 771 名，2013 年度 782 名，2014 年度 772 名。从 2014 年度在籍学生的明细来看，四年级共（2013 年 4 月升学者、不包括留级生）345 名（女生 70 名）、三年级（2014 年 4 月升学者）346 名（女生 63 名）。[①]

表 5-5 东京大学经济学部学生数（2012 年—2014 年）

| 2012 年度（2012 年 5 月 1 日） | | | | | | | | |
|---|---|---|---|---|---|---|---|---|
| 入学、升学年月日 | | 学科 经济学科 | | 经营学科 | | 金融学科 | | 合计 |
| 四年生 | 2010 年 4 月 1 日　升学 | 41 | （3） | 26 | （6） | 12 | 0 | 79　（9） |
| | 2011 年 4 月 1 日　升学 | 169 | （33） | 81 | （17） | 91 | （10） | 341　（60） |
| | | | | | | | | 0　0 |
| | 2011 年 4 月 1 日 学部内已获学士学位毕业生再入学 | 1 | 0 | | | | | 1　0 |
| | 2012 年 4 月 1 日 学校已获学士学位毕业生再入学 | 2 | 0 | 2 | 0 | | | 4　0 |
| | 小　　计 | 213 | （36） | 109 | （23） | 103 | （10） | 425　（69） |
| 三年生 | 2012 年 4 月 1 日　升学 | 193 | （45） | 84 | （13） | 69 | （7） | 346　（65） |
| | | | | | | | | 0　0 |
| | 小　　计 | 193 | （45） | 84 | （13） | 69 | （7） | 346　（65） |
| 合　计 | | 406 | （81） | 193 | （36） | 172 | （17） | 771　（134） |

① 日本东京大学官网［EB/OL］. http：//www. e. u-tokyo. ac. jp/kenkyuka/report/H2703. pdf.

续表

| 2013 年度（2013 年 5 月 1 日） | | | | | | | | |
|---|---|---|---|---|---|---|---|---|
| 入学、升学年月日　　　　　学科 | | 经济学科 | | 经营学科 | | 金融学科 | 合计 | |
| 四年生 | 2011 年 4 月 1 日　升学 | 30 | (1) | 39 | (10) | 14　(2) | 69 | (11) |
| | 2012 年 4 月 1 日　升学 | 191 | (44) | 80 | (14) | 76　(7) | 271 | (58) |
| | | | | | | | 0 | 0 |
| | 2013 年 4 月 1 日　学部内已获学士学位毕业生再入学 | 3 | (1) | 3 | 0 | 1　(1) | 7 | (2) |
| | 小　　　计 | 224 | (46) | 122 | (24) | 91　(10) | 437 | (80) |
| 三年生 | 2013 年 4 月 1 日　升学 | 185 | (43) | 92 | (21) | 68　(6) | 345 | (70) |
| | | | | | | | 0 | 0 |
| | 小　　　计 | 185 | (43) | 92 | (21) | 68　(6) | 345 | (70) |
| 合　计 | | 409 | (89) | 214 | (45) | 159　(16) | 782 | (150) |

| 2014 年度（2013 年 5 月 1 日） | | | | | | | | |
|---|---|---|---|---|---|---|---|---|
| 入学、升学年月日　　　　　学科 | | 经济学科 | | 经营学科 | | 金融学科 | 合计 | |
| 四年生 | 2012 年 4 月 1 日　升学 | 45 | (8) | 23 | (4) | 12　(3) | 80 | (15) |
| | 2013 年 4 月 1 日　升学 | 181 | (40) | 95 | (23) | 69　(7) | 345 | (70) |
| | | | | | | | 0 | 0 |
| | 2013 年 4 月 1 日　学部内已获学士学位毕业生再入学 | 1 | (1) | | | | 1 | (1) |
| | 小　　　计 | 227 | (49) | 118 | (27) | 81　(10) | 426 | (86) |
| 三年生 | 2014 年 4 月 1 日　升学 | 203 | (43) | 100 | (15) | 43　(5) | 346 | (63) |
| | | | | | | | 0 | 0 |
| | 小　　　计 | 203 | (43) | 100 | (15) | 43　(5) | 346 | (63) |
| 合　计 | | 430 | (92) | 218 | (42) | 124　(15) | 772 | (149) |

　　另外，每年都有 30—40 名学生因在海外修学、调查和参观，或因生病或经济原因而休学。表 5-6 显示的是 2009 年度以后休学学生的休学理由，2014年度共有 27 名学生休学。

表 5-6　东京大学经济学部休学学生数量的变化(2009—2014 年)

(2014 年 3 月 1 日按照休学理由调查)

| 年度 | 休学 | 调查和学校参观 | 其他 | 总计 |
|------|------|----------------|------|------|
| 2009 | 6 人 | 4 人 | 18 人 | 28 人 |
| 2010 | 5 人 | 0 人 | 26 人 | 31 人 |
| 2011 | 11 人 | 2 人 | 28 人 | 41 人 |
| 2012 | 14 人 | 1 人 | 25 人 | 40 人 |
| 2013 | 10 人 | 0 人 | 18 人 | 28 人 |
| 2014 | 11 人 | 1 人 | 15 人 | 27 人 |
| 计 | 51 人 | 4 人 | 112 人 | 167 人 |

2. 学生毕业情况及就业单位

表 5-7 汇总了 2011—2013 年度毕业生的就业情况调查。虽然不是囊括了毕业生全部的数据，但可以大致推断出毕业生的去向。从 2013 年度来看，就职者 273 名，研究生院升学者 29 名，学士入学者 3 名，其他(包括自营，就职浪人，就职不明者等)为 47 名。就业者中在银行、商社、保险、电气、煤气等广泛意义上的服务业占就业人数的 75%，制造业占 13%，公务员占 13%。

表 5-7　东京大学经济学部毕业生的就业情况调查①（2011—2013 年）

| 年度 | 学科 | 性别 | 毕业人数 A | 就职人数 B | 大学院升学者 | 学士入学者 | 其他 | 农林业 | 渔业 | 矿业·采石业·采砂业 | 建筑业 | 食品·饮料·香烟·饲料 | 纤维 | 印刷 | 石油·煤炭制品 | 钢铁行业·有色金属及金属制品 | 通用生产商用机械设备 | 电子元件设备电子电路 | 电力信息通讯设备 | 输送用机器具 | 其他 | 电力·燃气·热力·自来水 | 情报通信业 | 运输业·邮政业 | 批发业 | 零售业 | 金融业 | 保险业 | 不动产交易业·买卖·管理业 | 物品租赁业 | 学术与开发研究机构 | 法务业 | 其他专业与技术服务 | 宾馆餐饮服务业 | 生活娱乐服务业 | 学校教育业 | 其它教育机构学习支援 | 医疗业与卫生保健业 | 社会保险·社会福祉·护理 | 复合型服务业 | 宗教 | 其他服务业 | 国家公务 | 地方公务 | 下表以外职业 | 合计 |
|---|---|---|---|---|---|---|---|---|---|---|---|---|---|---|---|---|---|---|---|---|---|---|---|---|---|---|---|---|---|---|---|---|---|---|---|---|---|---|---|---|---|---|---|---|---|---|---|
| 平成25年度 | 经济 | 男 | 140 | 110 | 12 | 2 | 16 | 0 | 0 | 0 | 0 | 1 | 1 | 0 | 2 | 2 | 2 | 0 | 2 | 2 | 3 | 3 | 4 | 6 | 11 | | 40 | 12 | 3 | 0 | 0 | 0 | 2 | 0 | 0 | 0 | 0 | 0 | 0 | 0 | 0 | 0 | 12 | 4 | 0 | 110 |
| | | 女 | 37 | 26 | 2 | 0 | 9 | 0 | 0 | 0 | 0 | 1 | 0 | 0 | 0 | 2 | 0 | 0 | 0 | 4 | 0 | 0 | 1 | 0 | 1 | | 7 | 2 | 0 | 0 | 0 | 0 | 0 | 0 | 0 | 0 | 0 | 0 | 0 | 0 | 0 | 1 | 4 | 4 | 2 | 26 |
| | 经营 | 男 | 78 | 71 | 2 | 2 | 5 | 0 | 0 | 0 | 0 | 0 | 0 | 0 | 4 | 0 | 0 | 0 | 1 | 0 | 2 | 2 | 7 | 5 | 1 | | 12 | 4 | 1 | 0 | 0 | 0 | 16 | 0 | 0 | 0 | 0 | 0 | 0 | 1 | 0 | 0 | 1 | 1 | 0 | 71 |
| | | 女 | 20 | 14 | 0 | 0 | 6 | 0 | 0 | 0 | 0 | 0 | 0 | 0 | 0 | 3 | 0 | 0 | 0 | 0 | 0 | 0 | 3 | 0 | 0 | | 0 | 0 | 0 | 0 | 0 | 0 | 0 | 0 | 0 | 0 | 0 | 0 | 0 | 0 | 0 | 0 | 0 | 2 | 0 | 14 |
| | 金融 | 男 | 6 | 48 | 12 | 1 | 10 | 0 | 0 | 0 | 0 | 1 | 0 | 0 | 0 | 0 | 0 | 0 | 0 | 0 | 0 | 0 | 0 | 0 | 3 | | 23 | 5 | 1 | 0 | 0 | 0 | 0 | 0 | 1 | 0 | 0 | 0 | 0 | 0 | 0 | 1 | 2 | 0 | 2 | 48 |
| | | 女 | | 4 | 1 | 0 | | 0 | 0 | 0 | 0 | 0 | 1 | 0 | 0 | 0 | 0 | 0 | 0 | 0 | 0 | 0 | 0 | 0 | 0 | | 0 | 0 | 0 | 0 | 0 | 0 | 0 | 0 | 0 | 0 | 0 | 0 | 0 | 0 | 0 | 0 | 0 | 0 | 0 | 4 |
| | 合计 | 男 | 289 | 229 | 26 | 3 | 31 | 0 | 0 | 0 | 0 | 2 | 1 | 0 | 7 | 5 | 1 | 0 | 3 | 7 | 5 | 5 | 12 | 11 | 21 | | 75 | 21 | 5 | 0 | 0 | 0 | 20 | 0 | 0 | 0 | 0 | 0 | 0 | 0 | 0 | 3 | 19 | 5 | 2 | 229 |
| | | 女 | 63 | 44 | 3 | 3 | 16 | 0 | 0 | 0 | 0 | 1 | 0 | 0 | 1 | 0 | 0 | 0 | 1 | 0 | 0 | 0 | 5 | 0 | 2 | | 11 | 2 | 2 | 0 | 0 | 0 | 4 | 0 | 0 | 0 | 0 | 0 | 0 | 1 | 0 | 0 | 4 | 6 | 2 | 44 |
| | | 计 | 352 | 273 | 29 | | 47 | | 0 | 0 | 1 | 3 | 1 | 0 | 8 | 5 | 1 | 0 | 4 | 7 | 5 | 5 | 17 | 11 | 23 | | 86 | 23 | 7 | 0 | 0 | 0 | 24 | 0 | 0 | 0 | 0 | 0 | 0 | 1 | 0 | 3 | 23 | 11 | 4 | 273 |
| | 比率 | | 77.6% | | | | | | | | 0.4%(1名) | 12.5%(34名) | | | | | | | | | | | | | | | 75.1%(205名) | | | | | | | | | | | | | | | 12.5%(34名) | | 1.5%(4名) | |

①　日本东京大学官网[EB/OL].http://www.e.u-tokyo.ac.jp/kenkyuka/report/H2703.pdf

续表

| 年度 | 产业 | | 平成24年度 经济 男 | 经济 女 | 经营 男 | 经营 女 | 金融 男 | 金融 女 | 合计 男 | 合计 女 | 合计 计 | 比率 | 平成23年度 经济 男 | 经济 女 | 经营 男 | 经营 女 | 金融 男 | 金融 女 | 合计 男 | 合计 女 | 合计 计 | 比率 |
|---|---|---|---|---|---|---|---|---|---|---|---|---|---|---|---|---|---|---|---|---|---|---|
| | 合计 | | 99 | 19 | 45 | 10 | 65 | 7 | 209 | 36 | 245 | | 107 | 24 | 71 | 16 | 46 | 6 | 224 | 46 | 270 | |
| | 下表以外职业 | | 0 | 0 | 0 | 0 | 0 | 0 | 0 | 0 | 0 | 0.0%(0名) | 3 | 0 | 0 | 2 | 2 | 0 | 5 | 2 | 7 | 2.6%(7名) |
| | 公务 | 地方公务 | 9 | 0 | 3 | 0 | 2 | 0 | 14 | 0 | 14 | 19.2%(47名) | 5 | 0 | 3 | 1 | 0 | 0 | 6 | 0 | 6 | 11.5%(31名) |
| | | 国家公务 | 17 | 1 | 3 | 1 | 10 | 0 | 30 | 3 | 33 | | 10 | 5 | 3 | 0 | 5 | 2 | 18 | 7 | 25 | |
| | 服务业 | 其他服务业 | 1 | 0 | 1 | 0 | 0 | 0 | 2 | 0 | 2 | 66.9%(164名) | 0 | 0 | 1 | 0 | 0 | 0 | 1 | 0 | 1 | 72.6%(196名) |
| | | 宗教 | 0 | 0 | 0 | 0 | 0 | 0 | 0 | 0 | 0 | | 0 | 0 | 0 | 0 | 1 | 0 | 1 | 0 | 1 | |
| | | 复合型服务业 | 2 | 0 | 0 | 0 | 0 | 0 | 2 | 0 | 2 | | 0 | 0 | 0 | 0 | 1 | 0 | 1 | 0 | 1 | |
| | 医疗福祉 | 社会保险·社会福祉·护理 | 0 | 0 | 0 | 0 | 0 | 0 | 0 | 0 | 0 | | 0 | 0 | 0 | 0 | 0 | 0 | 0 | 0 | 0 | |
| | | 医疗业与卫生保健 | 0 | 0 | 0 | 0 | 0 | 0 | 0 | 0 | 0 | | 0 | 0 | 0 | 0 | 0 | 0 | 0 | 0 | 0 | |
| | 教育学习支援业 | 其他教育机构·学习支援 | 0 | 0 | 0 | 0 | 0 | 0 | 0 | 0 | 0 | | 0 | 0 | 0 | 0 | 1 | 1 | 2 | 1 | 1 | |
| | | 学校教育 | 1 | 0 | 0 | 0 | 0 | 1 | 0 | 1 | | | 0 | 0 | 0 | 0 | 2 | 1 | 2 | 1 | | |
| | 生活娱乐服务业 | | 0 | 0 | 0 | 0 | 0 | 0 | 0 | 0 | 0 | | 0 | 0 | 0 | 0 | 0 | 0 | 0 | 0 | 0 | |
| | 宾馆餐饮服务业 | | 0 | 0 | 0 | 0 | 0 | 0 | 0 | 0 | 0 | | 1 | 0 | 0 | 0 | 0 | 0 | 1 | 0 | 1 | |
| | 学术研究专业技术服务业 | 其他专业与技术服务业 | 7 | 3 | 5 | 0 | 0 | 0 | 15 | 4 | 19 | | 4 | 2 | 11 | 0 | 3 | 0 | 18 | 4 | 22 | |
| | | 法务业 | 0 | 0 | 0 | 0 | 0 | 0 | 0 | 0 | 0 | | 0 | 0 | 0 | 0 | 0 | 0 | 0 | 0 | 0 | |
| | | 学术与开发研究机构 | 0 | 0 | 0 | 0 | 0 | 0 | 0 | 0 | 0 | | 0 | 0 | 0 | 0 | 0 | 0 | 0 | 0 | 0 | |
| | 不动产租赁业 | 物品租赁 | 0 | 0 | 0 | 0 | 0 | 0 | 0 | 0 | 0 | | 2 | 0 | 0 | 0 | 0 | 0 | 2 | 0 | 0 | |
| | | 不动产交易·买卖·管理业 | 0 | 0 | 2 | 1 | 0 | 0 | 5 | 0 | 5 | | 3 | 0 | 0 | 0 | 0 | 0 | 3 | 0 | 3 | |
| | 金融与保险业 | 保险业 | 6 | 0 | 0 | 0 | 3 | 0 | 9 | 0 | 9 | | 9 | 0 | 5 | 0 | 4 | 0 | 18 | 3 | 21 | |
| | | 金融业 | 20 | 9 | 9 | 0 | 28 | 3 | 54 | 12 | 66 | | 28 | 8 | 8 | 4 | 23 | 2 | 59 | 14 | 73 | |
| | 批发与零售业 | 零售业 | 1 | 0 | 0 | 0 | 0 | 1 | 1 | 1 | 2 | | 12 | 2 | 0 | 0 | 0 | 0 | 12 | 2 | 12 | |
| | | 批发业 | 9 | 4 | 4 | 0 | 3 | 0 | 16 | 4 | 22 | | 12 | 2 | 13 | 0 | 4 | 1 | 29 | 3 | 32 | |
| | 运输业邮政业 | | 5 | 0 | 2 | 0 | 2 | 0 | 9 | 0 | 9 | | 2 | 0 | 1 | 0 | 0 | 0 | 3 | 0 | 3 | |
| | 情报通信业 | | 7 | 0 | 5 | 0 | 9 | 2 | 21 | 2 | 23 | | 15 | 1 | 10 | 0 | 2 | 2 | 27 | 3 | 30 | |
| | 电力·燃气·热力·自来水 | | 2 | 1 | 0 | 0 | 0 | 0 | 2 | 2 | 4 | | 3 | 1 | 0 | 0 | 0 | 0 | 4 | 1 | 5 | |
| | 制造业 | 其他 | 0 | 0 | 0 | 0 | 0 | 0 | 0 | 0 | 0 | 14.3%(35名) | 1 | 0 | 0 | 1 | 0 | 0 | 1 | 1 | 1 | 14.4%(39名) |
| | | 输送用机械器具 | 0 | 0 | 0 | 1 | 0 | 0 | 1 | 1 | 2 | | 0 | 0 | 1 | 0 | 0 | 0 | 1 | 0 | 1 | |
| | | 电力信息通讯设备 | 3 | 0 | 3 | 0 | 0 | 1 | 7 | 1 | 7 | | 2 | 0 | 3 | 0 | 0 | 2 | 7 | 0 | 7 | |
| | | 电子元件设备电子电路 | 0 | 0 | 0 | 0 | 0 | 0 | 0 | 0 | 0 | | 0 | 0 | 0 | 0 | 0 | 0 | 0 | 0 | 0 | |
| | | 通用生产商业机械设备 | 0 | 0 | 0 | 0 | 0 | 0 | 0 | 0 | 0 | | 0 | 0 | 0 | 0 | 0 | 0 | 0 | 0 | 0 | |
| | | 钢铁行业有色金属及金属制品 | 3 | 1 | 2 | 0 | 1 | 0 | 6 | 1 | 6 | | 2 | 0 | 2 | 0 | 0 | 0 | 4 | 0 | 6 | |
| | | 石油·煤炭制品 | 3 | 0 | 3 | 2 | 0 | 0 | 6 | 2 | 8 | | 3 | 1 | 3 | 0 | 1 | 0 | 7 | 1 | 8 | |
| | | 印刷 | 0 | 0 | 0 | 0 | 0 | 0 | 0 | 0 | 0 | | 0 | 0 | 0 | 0 | 0 | 0 | 0 | 0 | 0 | |
| | | 纤维 | 1 | 0 | 0 | 0 | 0 | 0 | 1 | 0 | 1 | | 1 | 0 | 0 | 0 | 0 | 0 | 1 | 0 | 1 | |
| | | 食品·饮料·香烟·饲料 | 1 | 0 | 2 | 0 | 0 | 0 | 4 | 0 | 4 | | 0 | 0 | 3 | 0 | 0 | 0 | 3 | 0 | 3 | |
| | 建筑业 | | 1 | 0 | 2 | 0 | 0 | 0 | 3 | 0 | 3 | 1.2%(3名) | 2 | 0 | 0 | 0 | 0 | 0 | 2 | 0 | 2 | 0.7%(2名) |
| | 矿业·采石业·采砂业 | | 0 | 0 | 0 | 0 | 0 | 0 | 0 | 0 | 0 | | 0 | 0 | 0 | 0 | 0 | 0 | 0 | 0 | 0 | |
| | 渔业 | | 0 | 0 | 0 | 0 | 0 | 0 | 0 | 0 | 0 | | 0 | 0 | 0 | 0 | 0 | 0 | 0 | 0 | 0 | |
| | 农林业 | | 0 | 0 | 0 | 0 | 0 | 0 | 0 | 0 | 0 | | 0 | 0 | 0 | 0 | 0 | 0 | 0 | 0 | 0 | |
| | 其他 | | 25 | 12 | 7 | 0 | 5 | 0 | 37 | 12 | 49 | | 16 | 0 | 6 | 0 | 5 | 1 | 27 | 2 | 29 | |
| | 学士入学者 | | 4 | 1 | 0 | 1 | 2 | 0 | 6 | 2 | 8 | | 1 | 1 | 0 | 0 | 2 | 0 | 3 | 0 | 3 | |
| | 大学院升学者 | | 15 | 2 | 3 | 2 | 9 | 1 | 27 | 5 | 32 | | 21 | 3 | 7 | 1 | 9 | 0 | 37 | 4 | 41 | |
| 平成24年度 | 就职人数B | | 99 | 19 | 45 | 10 | 65 | 7 | 209 | 36 | 245 | 73.4% | 107 | 24 | 71 | 16 | 46 | 6 | 224 | 46 | 270 | 78.7% |
| 平成23年度 | 毕业人数A | | 143 | 34 | 55 | 13 | 81 | 8 | 279 | 55 | 334 | | 145 | 27 | 84 | 18 | 62 | 7 | 291 | 52 | 343 | |

表 5-8　　东京大学经济学部 2013 年毕业者用人单位一览

| 就职地名称 | 学部 行业种类 | | 学　科　名 | | | | | |
| --- | --- | --- | --- | --- | --- | --- | --- | --- |
| | | | 经济 | | 经营 | | 金融 | |
| | 男 | 女 | 男 | 女 | 男 | 女 | 男 | 女 |
| ◇建筑业 | 1 | (0) | | | | | | |
| 鹿岛建设株式会社 | | | 0 | (0) | 0 | (0) | 1 | (0) |
| 按照学科分类计算 | | | 0 | (0) | 0 | (0) | 1 | (0) |
| ◇制造业 | 28 | (4) | | | | | | |
| （食品·饮料·烟草·饲料） | 3 | (1) | | | | | | |
| 朝日饮料株式会社 | | | 1 | (0) | 0 | (0) | 0 | (0) |
| 三得利控股 | | | 0 | (0) | 1 | (1) | 0 | (0) |
| 日本烟草产业株式会社 | | | 0 | (0) | 1 | (0) | 0 | (0) |
| 按照学科分类计算 | | | 1 | (0) | 2 | (1) | 0 | (0) |
| （纤维工业） | 1 | (0) | | | | | | |
| 东丽株式会社 | | | 1 | (0) | 0 | (0) | 0 | (0) |
| 按照学科分类计算 | | | 1 | (0) | 0 | (0) | 0 | (0) |
| （化工，石油·煤炭产品） | 7 | (1) | | | | | | |
| 日本新日矿集团 | | | 0 | (0) | 0 | (1) | 0 | (0) |
| 狮子股份有限公司社 | | | 0 | (0) | 0 | (0) | 1 | (0) |
| 旭化成株式会社 | | | 0 | (0) | 1 | (0) | 0 | (0) |
| 克莱莱股份有限公司 | | | 1 | (0) | 0 | (0) | 0 | (0) |
| 电力化学工业株式会社 | | | 0 | (0) | 1 | (0) | 0 | (0) |
| 富士胶卷株式会社 | | | 0 | (0) | 2 | (0) | 0 | (0) |
| 武田药品工业株式会社 | | | 1 | (0) | 0 | (0) | 0 | (0) |
| 按照学科分类计算 | | | 2 | (0) | 4 | (1) | 1 | (0) |
| （钢铁，非金属·金属制品） | 5 | (0) | | | | | | |
| 三菱重工业株式会社 | | | 0 | (0) | 2 | (0) | 0 | (0) |
| 新日铁住金株式会社 | | | 2 | (0) | 1 | (0) | 0 | (0) |
| 按照学科分类计算 | | | 2 | (0) | 3 | (0) | 0 | (0) |
| （牵引用·生产用·业务用机器设备） | 1 | (1) | | | | | | |
| 大金工业株式会社 | | | 0 | (0) | 1 | (1) | 0 | (0) |
| 按照学科分类计算 | | | 0 | (0) | 1 | (1) | 0 | (0) |

| 就职地名称 | 学部 | | 学 科 名 | | | | | |
|---|---|---|---|---|---|---|---|---|
| | 行业种类 | | 经济 | | 经营 | | 金融 | |
| | 男 | 女 | 男 | 女 | 男 | 女 | 男 | 女 |
| (电力·信息通信机器设备) | 4 | (1) | | | | | | |
| 东芝株式会社 | | | 1 | (1) | 0 | (0) | 0 | (0) |
| 日本信号株式会社 | | | 1 | (0) | 0 | (0) | 0 | (0) |
| 富士通株式会社 | | | 1 | (0) | 1 | (0) | 0 | (0) |
| 按照学科分类计算 | | | 3 | (1) | 1 | (0) | 0 | (0) |
| (运输用机器设备) | 7 | (0) | | | | | | |
| 捷拓株式会社 | | | 1 | (0) | 0 | (0) | 0 | (0) |
| 铃木株式会社 | | | 1 | (0) | 0 | (0) | 0 | (0) |
| 丰田汽车株式会社 | | | 1 | (0) | 2 | (0) | 0 | (0) |
| 三菱重工株式会社 | | | 0 | (0) | 1 | (0) | 0 | (0) |
| 日立造船株式会社 | | | 1 | (0) | 0 | (0) | 0 | (0) |
| 按照学科分类计算 | | | 4 | (0) | 3 | (0) | 0 | (0) |
| ◇服务业 | 197 | (28) | | | | | | |
| (电力·煤气·供热·水务部门) | 5 | (0) | | | | | | |
| TOKAI 控股 | | | 1 | (0) | 0 | (0) | 0 | (0) |
| 关西电力株式会社 | | | 0 | (0) | 1 | (0) | 0 | (0) |
| 中部电力株式会社 | | | 2 | (0) | 0 | (0) | 0 | (0) |
| 北陆电力株式会社 | | | 0 | (0) | 1 | (0) | 0 | (0) |
| 按照学科分类计算 | | | 3 | (0) | 2 | (0) | 0 | (0) |
| (信息通信业) | 17 | (5) | | | | | | |
| 朝日电视台 | | | 0 | (0) | 1 | (1) | 0 | (0) |
| 日本股份有限公司 | | | 1 | (0) | 2 | (1) | 0 | (0) |
| 谷歌 | | | 0 | (0) | 1 | (0) | 0 | (0) |
| NTT 通信 | | | 0 | (0) | 0 | (0) | 1 | (1) |
| NTT 西日本 | | | 0 | (0) | 0 | (0) | 1 | (0) |
| works edge 株式会社 | | | 0 | (0) | 1 | (0) | 0 | (0) |
| 医牙科出版社 | | | 0 | (0) | 1 | (0) | 0 | (0) |
| 乐天 | | | 1 | (0) | 0 | (0) | 0 | (0) |
| VOYAGE 集团 | | | 0 | (0) | 1 | (0) | 0 | (0) |

续表

| 就职地名称 | 学部 | | 学 科 名 | | | | | |
|---|---|---|---|---|---|---|---|---|
| | 行业种类 | | 经济 | | 经营 | | 金融 | |
| | 男 | 女 | 男 | 女 | 男 | 女 | 男 | 女 |
| valluz 股份有限公司 | | | 1 | (0) | 0 | (0) | 0 | (0) |
| 网络代理公司 | | | 0 | (0) | 1 | (0) | 0 | (0) |
| discover 途胜股份有限公司 | | | 0 | (0) | 1 | (1) | 0 | (0) |
| 日本经济新闻社 | | | 1 | (0) | 0 | (0) | 0 | (0) |
| 野村综合研究所 | | | 1 | (1) | 0 | (0) | 0 | (0) |
| 就职地名不详(信息通信业) | | | 0 | (0) | 1 | (0) | 0 | (0) |
| 按照学科分类计算 | | | 5 | (1) | 10 | (3) | 2 | (1) |
| (运输业，邮政业) | 11 | (0) | | | | | | |
| 东日本高速道路株式会社 | | | 0 | (0) | 1 | (0) | 0 | (0) |
| 九州旅客铁道株式会社 | | | 0 | (0) | 1 | (0) | 0 | (0) |
| 西日本旅客铁道株式会社 | | | 0 | (0) | 1 | (0) | 0 | (0) |
| 东海旅客铁道株式会社 | | | 3 | (0) | 0 | (0) | 0 | (0) |
| 北海道旅客铁道株式会社 | | | 0 | (0) | 1 | (0) | 0 | (0) |
| 日本航空株式会社 | | | 0 | (0) | 1 | (0) | 0 | (0) |
| 日本邮政株式会社 | | | 2 | (0) | 0 | (0) | 0 | (0) |
| 商船三井株式会社 | | | 1 | (0) | 0 | (0) | 0 | (0) |
| 按照学科分别计算 | | | 6 | (0) | 5 | (0) | 0 | (0) |
| (批发零售业) | 23 | (2) | | | | | | |
| 伊藤忠商事株式会社 | | | 1 | (0) | 1 | (0) | 2 | (0) |
| 伊藤忠丸红钢铁株式会社 | | | 1 | (0) | 1 | (0) | 0 | (0) |
| 丸红株式会社 | | | 2 | (0) | 0 | (0) | 0 | (0) |
| 三井物产株式会社 | | | 3 | (0) | 1 | (0) | 0 | (0) |
| 三菱商事株式会社 | | | 3 | (1) | 1 | (0) | 0 | (0) |
| 住友商事株式会社 | | | 2 | (0) | 4 | (1) | 0 | (0) |
| 双日株式会社 | | | 0 | (0) | 0 | (0) | 1 | (0) |
| 按照学科分别计算 | | | 12 | (1) | 8 | (1) | 3 | (0) |
| (小型零售业) | 2 | (1) | | | | | | |
| oisix 株式会社 | | | 1 | (1) | 1 | (0) | 0 | (0) |
| 按照学科分别计算 | | | 1 | (1) | 1 | (0) | 0 | (0) |

续表

| 就职地名称 | 学部 | | 学 科 名 | | | | | |
|---|---|---|---|---|---|---|---|---|
| | 行业种类 | | 经济 | | 经营 | | 金融 | |
| | 男 | 女 | 男 | 女 | 男 | 女 | 男 | 女 |
| （金融业） | 82 | (11) | | | | | | |
| SMBC 日兴证券 | | | 1 | (1) | 2 | (1) | 2 | (0) |
| 瑞穗银行 | | | 7 | (0) | 0 | (0) | 1 | (0) |
| 八十二银行 | | | 0 | (0) | 1 | (0) | 0 | (0) |
| 摩根大通 | | | 1 | (1) | 2 | (1) | 0 | (0) |
| 摩根士丹利 | | | 0 | (0) | 0 | (0) | 1 | (0) |
| 高盛资产管理公司 | | | 1 | (1) | 0 | (0) | 0 | (0) |
| 花旗银行 | | | 0 | (0) | 1 | (0) | 0 | (0) |
| 花旗集团证券有限公司 | | | 0 | (0) | 0 | (0) | 1 | (0) |
| 巴克莱证券有限公司 | | | 0 | (0) | 0 | (0) | 1 | (0) |
| 瑞穗金融集团 | | | 0 | (1) | 1 | (0) | 1 | (0) |
| 瑞穗证券 | | | 2 | (0) | 0 | (0) | 2 | (0) |
| 美林日本证券株式会社 | | | 2 | (1) | 0 | (0) | 0 | (0) |
| 理索纳控股 | | | 1 | (0) | 0 | (0) | 0 | (0) |
| 理索纳银行 | | | 0 | (0) | 0 | (0) | 1 | (0) |
| 国际合作银行 | | | 1 | (0) | 0 | (0) | 0 | (0) |
| 日本政策投资银行 | | | 0 | (0) | 0 | (0) | 1 | (0) |
| 三井住友资产管理有限公司 | | | 1 | (0) | 0 | (0) | 0 | (0) |
| 三井住友银行 | | | 4 | (2) | 1 | (0) | 3 | (2) |
| 三井住友信托银行 | | | 1 | (0) | 0 | (0) | 0 | (0) |
| 三菱 UFJ 摩根士丹利证券 | | | 0 | (0) | 1 | (0) | 0 | (0) |
| 三菱 UFJ 信托银行 | | | 1 | (0) | 0 | (0) | 2 | (0) |
| 三菱东京 UFJ 银行 | | | 10 | (0) | 2 | (0) | 1 | (0) |
| 工商工会中央金库 | | | 1 | (0) | 0 | (0) | 0 | (0) |
| 信金中央金库 | | | 0 | (0) | 0 | (0) | 0 | (0) |
| 大和证券 | | | 0 | (0) | 0 | (0) | 1 | (0) |
| 日本银行 | | | 1 | (0) | 0 | (0) | 0 | (0) |
| 日本交易所集团 | | | 0 | (0) | 0 | (0) | 1 | (0) |
| 日本政策金融公库 | | | 0 | (0) | 1 | (0) | 0 | (0) |

续表

| 就职地名称 | 学部 | | 学科名 | | | | | |
|---|---|---|---|---|---|---|---|---|
| | 行业种类 | | 经济 | | 经营 | | 金融 | |
| | 男 | 女 | 男 | 女 | 男 | 女 | 男 | 女 |
| 日本政策投资银行 | | | 0 | (0) | 1 | (0) | 1 | (0) |
| 农林中央金库 | | | 7 | (0) | 0 | (0) | 0 | (0) |
| 野村资产管理有限公司 | | | 0 | (0) | 0 | (0) | 1 | (0) |
| 野村证券 | | | 0 | (0) | 0 | (0) | 2 | (0) |
| 就职地名不详(金融业) | | | 3 | (0) | 1 | (0) | 0 | (0) |
| 按照学科分别计算 | | | 45 | (7) | 14 | (2) | 23 | (2) |
| (保险业) | 23 | (2) | | | | | | |
| 美国家庭人寿保险公司 | | | 1 | (0) | 0 | (0) | 0 | (0) |
| 损害保险日本兴亚 | | | 2 | (0) | 1 | (0) | 0 | (0) |
| 三井住友海上火灾保险株式会社 | | | 0 | (0) | 1 | (0) | 0 | (0) |
| 住友生命保险相互公司 | | | 0 | (0) | 1 | (0) | 3 | (0) |
| 第一生命保险 | | | 1 | (0) | 0 | (0) | 0 | (0) |
| 东京海上日动火灾保险 | | | 4 | (0) | 1 | (0) | 1 | (0) |

用人单位名称一览如表5-8所示。[①] 从男女就业动向的不同来看，与男性相比，女性在制造业的就业比率几乎没有变化，广义的服务业的就业比率低，公务员的就业比率较高。关于男女意识、就业单位的劳动条件等如何产生男女就业动向的不同，对此有必要慎重探讨。

3. 毕业论文

学生提交毕业论文虽然不是义务，但在毕业年份提交毕业论文并通过审查时，可以获得4学分。但是，在撰写毕业论文之际，必须接受担任演习课程的教师等的论文指导。表5-9是2009年度以后毕业论文合格者的变化情况。

---

① 日本东京大学官网[EB/OL]. http：//www. e. u-tokyo. ac. jp/kenkyuka/report/H2703. pdf.

表 5-9　东京大学经济学部毕业论文合格者的变化(2009 年—2014 年)

| | 毕业论文合格者 | 毕业论文合格者比率(%) | 大内兵卫奖 | |
|---|---|---|---|---|
| | | | 特选论文 | 获奖 |
| 2014 年度 | 173 | 41.3 | 18 | 1 |
| 2013 年度 | 150 | 35.0 | 18 | 1 |
| 2012 年度 | 156 | 37.2 | 14 | |
| 2011 年度 | 162 | 38.4 | 10 | |
| 2010 年度 | 192 | 43.1 | 13 | 1 |
| 2009 年度 | 203 | 43.9 | 10 | 1 |

从表 5-9① 来看，近年来，毕业论文提交者以及及格者在 150—200 名之间变化。2014 年度毕业论文合格者为 173 名，在本科 4 年级在籍生中所占的比例为 41.3%。2004 年度的比率为 39.0%。所以，毕业论文合格比率基本趋于稳定。虽然有极其例外的不合格论文，但所提交的毕业论文大体上都合格了。这暗示着学生在提交毕业论文之前，指导教师已经进行了严格的指导，同时指导教师也进行了实质性的审查工作。

在合格的毕业论文中，有特别优秀的论文将作为特选论文予以表彰，更加优秀的论文则被授予大内兵卫奖。如表 5-9 所示，每年有十多篇毕业论文作为特选论文受到表彰，并且有增加的倾向。从 1981 年度设立大内兵卫奖，到 2014 年为止，共有 30 篇论文获此奖项，这其中有佳作 9 篇。

4. 授课评价

经济学部从 1999 年起就实施了以学生为主体的授课评价问卷调查，到 2001 年度为止只限于合作的教师，于 2002 年以后开始全面实施。该问卷调查以匿名填写的方式进行回收，在学期末的最后一节课进行问卷调查的发放。关于授课相关问题，共有 10 项调查内容，要求分别在 5 个阶段用"○把符合的选项圈起来"进行评价。本次调查是为了改善经济学专业的教学内容和教学方法而进行的，学生无记名客观评价。

---

① 日本东京大学官网[EB/OL]. http：//www. e. u-tokyo. ac. jp/kenkyuka/report/H2703. pdf.

### 表 5-10　东京大学经济学部授课评价调查表①

本次调查是为了改善教学内容和方法而进行的，与成绩无关，请以自由的立场回答（无记名）。用"○"把符合的记号圈起来。

课程名称　　　　　　　教师姓名

1. 请选择你所属的

①文科Ⅱ类 ②经济学部 3 年 ③经济学部 4 年以上 ④其他学部(其他学科)⑤研究生院

2. 该课的出席率是多少？

①9 成以上 ②7 成左右 ③5 成左右 ④3 成左右 ⑤1 成以下

回答④，⑤的人请写下理由。

3. 对你来说课程的难易度怎么样？

①太容易②容易③正好④有点难⑤太难

4. 对你来说课程的进度怎么样？

①太慢②稍慢③正好④稍快⑤过快

5. 这个课程内容简单易懂吗？

①非常易懂②容易理解③一般④难理解⑤很难理解

6. 你觉得这门课有准备和计划吗？

①非常好地准备和计划②大体上准备和计划③一般④稍微准备或计划不足⑤准备不足

7. 对学生的提问老师的应对如何？

①非常亲切②大致亲切礼貌③一般④不太亲切⑤非常不亲切

8. 你觉得在讲课方法上有创意吗？

①非常有②有一点③一般④不太有⑤几乎没有

9. 能感受到教师对这门课的热情吗？

①非常感觉②大体上感觉③一般④不太觉得⑤完全不觉得

10. 在这门课上，接收到了知识和学术上的刺激吗？

①受到了②大体上受到了③一般④没太受到⑤几乎没有受到

11. 关于这门课程除了上课时间以外，你学了多久？

①非常用功②大致学习了③少许用功④几乎不学习⑤完全没有学习

12. 请综合评价一下这个课的整体情况。

---

① 日本东京大学官网[EB/OL]. http：// www. e. u-tokyo. ac. jp/kenkyuka/report/H2703. pdf.

①非常满足②大体上满足③普通④稍稍不满⑤相当不满

表 5-11　东京大学经济学部授课评价平均分

(2013 年度冬季学期)

| | 难易度 | 进度 | 计划 | 讲解 | 回答 | 想办法 | 热情 | 刺激 | 学习 | 综合 |
|---|---|---|---|---|---|---|---|---|---|---|
| 全部科目平均 | 3.3 | 3.1 | 1.7 | 2.3 | 1.9 | 2.1 | 1.7 | 1.9 | 2.6 | 2.0 |
| 专业科目 1 | 3.3 | 3.1 | 1.8 | 2.3 | 2.1 | 2.2 | 1.8 | 2.1 | 2.7 | 2.2 |
| 专业科目 2 | 3.4 | 3.1 | 1.8 | 2.4 | 2.0 | 2.2 | 1.8 | 1.8 | 2.6 | 2.1 |
| 专业科目 3 | 3.1 | 3.0 | 1.4 | 1.9 | 1.7 | 1.8 | 1.5 | 1.6 | 2.7 | 1.7 |
| 专业科目 4 | 3.1 | 3.1 | 1.8 | 2.3 | 1.8 | 1.9 | 1.7 | 1.7 | 2.4 | 1.9 |
| 选修科目 | 3.3 | 3.1 | 1.5 | 2.0 | 1.6 | 2.0 | 1.6 | 1.7 | 2.4 | 1.8 |

表 5-11①是 2013 年度冬季学期的授课评价问卷调查统计的结果，表上列出了全部科目和单个科目的平均分。关于讲课方法、说明方式、讲课内容及话题等，采取最高为 1、最低为 5 的 5 段式(等级)的评价手段，全部科目的授课综合评价很高，平均分为 2.0。

按科目分类，作为基础课程学习的专业科目 1 的评价最低，此外，在难易度的评价上也是最低的，即使有必要考虑到它是高度强制性选修课程的事实，并不说明所有学生都自愿选修该类课程。这也暗示了专业科目 1 的授课方法需要进一步改进。

5. 学生评分标准

学生评分方法也发生了改变，改为依据成绩评分。以前采用的是绝对的评价方式，原则上 80 分以上为"优"，70 分以上 80 分以下为"良"，60 分以上 70 分以下为"可"，不满 60 分为"不可"。

平成 26 年(2014 年)整个学校开始采用新的成绩评价系统，经济学部也采用新的评价系统。评价标准如下。

①优上，90~100 分之间，充分达到学习目标，表现出极优秀的学习成果。

---

① 日本东京大学官网[EB/OL]. http://www.e.u-tokyo.ac.jp/kenkyuka/report/H2703.pdf.

②优，80~89 分之间，充分达成学习目标。

③良，70~79 分之间，达到一定程度的学习目标。

④可，60~69 分之间，最低限度达成学习目标。

⑤不可不满，60 分以下，没有达到学习目标。

另外，关于成绩分布，获得"优上"的考生在 10% 以下，考生 30% 左右取得"优上"或"优"（但是根据学生的成就度及得分的不同，有时达不到这个数值，并且演习、少人数授课、考生 20 名以下科目不属于这些规定的执行对象），对成绩分布也加以限制。由此可期待科目间极端成绩分布的不均衡减少。

在采用全校评价系统之前，经济学部就指出，为不削减学生的学习热情，各教员对学生成绩严格的评价非常重要，从平成 3 年（1991 年）开始独立制作本科课程的定期考试成绩分布表，并报告给学部教授委员会。

通过对平成 21 年（2009 年）至平成 25 年（2013 年）的成绩评分的变化来分析，可以得到两个基本事实。

第一，在经济学部未公布全体学部学生成绩分布比例之前，"优"的比例基本稳定在 3 成，其他评分比例也比较稳定，学生成绩分布基本合理。这种成绩分布的合理性表明在正式发布学生成绩之前，教员之间都进行了严格的把关和管理。

第二，仅就四年级学生来说，成绩 60 分以下的比例有"季节变化"的趋势，即夏季学期高、冬季学期低的动向显著。这些分数的获得是根据评分规则决定，还是根据毕业前的学生特殊的努力来获得，对此需要进行慎重的讨论。

（2）早稻田大学本科经济学专业评价标准和考核方式

早稻田大学是国际社会公认的各种排名靠前的世界知名大学。政治经济学部是早稻田大学创始学部，其前身经济系是当时大学中轴的学部之一。早稻田大学经济学部历经 100 多年的发展，培养了大批经济学专家、学者和各种经营人才。因此考察其经济专业的发展和现状具有重大的意义。

早稻田大学经济学部专业的评价和考核可以通过以下内容来分析和诠释。

①经济学部的教育理念和目的

经济学部从创设之初开始，政治学和经济学在探究国民生活的基本现象上被定位为不可分割的学问，两者与法科分离，成为独立的一门学科，这是优秀特色。学部持续努力把完成学生个别发展的政治学和经济学合起来的教育作为学部教育的特征。但随着时代趋势的变化，作为课程编制的变革具体化了。同时设置了新闻学科和自治行政学科，也经历了从4学科制的时期到现在政治学科和经济学科的两个学科体制。两个学科的学生在接受各自的专业教育的同时，还可以同时选修另一个学科的课程。学生可以通过政治学和经济学两个视角，理解两者错综复杂的现代社会的机制，这也正是早稻田大学经济学专业的理念和目的的具体呈现。

政治经济学部强调"全面教育"对学生的重要性，"全面教育"包括政治学和经济学研究，以及外语研究和通识教育课程的学习。但在"全面教育"的背景下，学生毕业所需的学分却从142学分减少到124学分，学分的缩减意味着课时数的降低，这样一来，极大地减少了两个专业学生需要学习的经济学学时数和政治学课程的数量。为学生提供政治学和经济学课程不仅是早稻田大学经济学部教育理念和教育任务的一大显著亮点，还代表了其早期课程设计者的远见卓识。

②师资力量

为了更加充实和活化多样化、高度化的教育研究，确保优秀人才，大学要求有广泛经历和学历的教师从事研究和教育工作。政治经济学部的教师人数在1995年至1999年的5年间有所增加，全体人员在1995年至1996年增加了9%，1997年至1998年大幅增加了11%到27%。其中专职教师每年都会通过新录用的人来增加人员，1998年以后，全体专职人数超过100人。2000年，拥有101名教师和1名助手。专职教员具体为男性94名，女性7名，其平均年龄是50.8岁，其中，专职教师的57.4%到任不满10年。①

非专职讲师数也有同样的增加倾向，但是只有1999年比同比减少了，结果教员总数也同比也减少了15%。这是由于专职教师的增加导致的非专职任

---

① 日本早稻田大学官网[EB/OL]. https：//www. waseda. jp/top/about.

课减少的结果。

政治经济学部的外籍教师数量也逐年增加，在全体教师中，外国教师的专职人数不到8%。特别是专职外国教师的比率很低。另外，外国教师更多的是偏向于外语教学，专业教师数量有待提高。

从教师学缘来看，政治经济学部近年来一直致力于采用具有多样背景的教师，结果在2000年，专职教师中，最终学历为早稻田大学的教师和其他大学的教师的比例为44%比56%，其他大学出身的人变多了。

关于教师招聘方面，根据学校规定，以公开招募等各种形式进行。另外，还可以根据公开发表的论文水平，对满足了在职期间和论文等一定标准的人，在征得本人同意后，教授会可以做出聘用决定。即有时会由助手升任为专职讲师。从专职讲师到副教授，或者从副教授升任教授。根据各种招聘原则，从1996年到2000年的5年间的合计来看，公开招聘5名，推荐28名，助手考试1名，总计34名。但事实上那些通过推荐被聘用的教师也是经过公开招聘上岗的。如果是这样，公开征集和推荐的区别便不太明显、容易混淆。公开招聘、公开竞争应成为招聘新教师的主要渠道。

政治经济学部强调加强与社会合作。除了继续聘请校外讲师提供多种多样的课外授课之外，近年来，也通过积极录用在社会各领域有实际业务经验的人作为专职教师，开设捐赠讲座，并实施社会人入学考试等方式重视与社会的合作与应对。另外，这些专任教师筹措外部资金也很活跃。

表5-12　　早稻田大学政治经济学部2001年4月现在本校学生数、教师数

| 学年 | 一年级 | 二年级 | 三年级 | 四年级 | 五年级 | 选修生 | 总计 |
|------|--------|--------|--------|--------|--------|--------|------|
| 政治学专业 | 473(122)人 | 467(135)人 | 430(106)人 | 467(103)人 | 155(18)人 | | 1 992(484)人 |
| 经济学专业 | 826(145)人 | 788(107)人 | 853(129)人 | 814(137)人 | 310(22)人 | | 3 591(540)人 |
| 总计 | 1 299(267)人 | 1 255(242)人 | 1 283(235)人 | 1 281(240)人 | 465(40)人 | 11(6)人 | 5 594(1,030)人 |

3. 课程方面

(1)"少人数教育"和研讨课

"少人数教育"和研讨课是通过小班化教学与师生课外互动等方式促进教师与学生之间的联系，来提高教学质量。

"少人数教育"从 1995 年度和 2000 年度的发展变化来看，有两种相反的倾向。整体课程总数增加的同时规模在 50 人以下的课程也有所增加。但另一方面，从 101 人到 300 人左右规模的科目也在增加。专职教师的平均学生人数从 1990 年的 77.5 人下降到 1999 年的 43.9 人。但是，有些班级的注册人数超过 200 名，有些班级甚至有 700 名，面对如此多的学生，政治经济学部强调的"少人数教育"合理性着实有待商榷。

研讨会较其他"主要"课程的规模要小得多，但研讨会之间的规模差异很大。同等级别研讨会学生人数浮动过大，一般在 1 名学生和 41 名学生之间。在全面缩小班级规模的同时也缩小研讨会规模差距，减轻教师压力，平均化处理每位专职教师的负担尤为必要。

（2）外语教育

政治经济学部传统上非常重视外语教育，设立人数少且多样化的外语选修课，不仅重视外语文献讲读和地域文化研究所必要的语言能力，还重视作为实践性交流手段的外语运用能力的培养。

1995 年至 1999 年期间，专职的外国教师一直保持着 7~8 名的水准。外国人专职教师的资格和工作条件和日本教师是对等的，除了客座教师以外还能参加学部的运营。非专职讲师的外国教师也从 1995 年的 27 名增加到 1998 年以后的 29 名。不论专职还是非专职的外国教师都是使用母语来讲授课程的。母语教师是高度的语言教育不可或缺的成员，对学生和日本教师的刺激是无法估量的。负责政治经济学部外语科目的外国人专职教师数和日本人专职的比率比其他学部要高很多，政治经济学部在外语教学中保持了比其他学部更高的外语教学率。该部门和马来西亚、泰国、韩国的机构举办网络研讨会。远程学习尽管有不足之处，但已经成为 21 世纪的一种新教学模式，应该积极但谨慎地推广和扩大教师教学的视野，优化学生的学习体验。

（3）上课内容与班级规模

关于经济学唯一的必修科目"经济学入门"，一个班估计有 100 人左右，但到 1999 年为止由于教室配置的关系，也有 200 人以上的班级。虽然后期得到了很大的改善，也增设了班级数，但是随着重修学生的增加，一个班超过 100 人的情况很普遍。作为必修科目之一的"外国文献研究 II"的英语文献班，多数超过了 60 人。从同一课程内的班级规模差异来看，不论专业科目还是教养科目，班级之间的规模相差很大。在同一科目中，一个班级有 500 人，另一个班级还有一位数的情况出现。

通过以上分析，我们可以看到，经济学部虽然进行了较为合理的课程设置，但由于授课内容与班级规模的不断扩大，这对整个教学开展是极其不利的，直接会影响课程的教学效果。

(4) 授课评价

高等教育必须不断适应社会不断变化的需求。早稻田大学政经学部向"非传统学生"敞开大门的做法值得表扬，有关部门应鼓励多多"敞开大门"。这一举动具有许多明显的教育意义。最重要的成果之一是可以及时调整课程内容以满足学生群体日益多样化的需求。这也要求着教师必须不断评估其教学中使用的方法和材料。

在这方面，学生的及时反馈至关重要。因此，政治经济学部应认真考虑学生在每门课程中对课程和教师进行评估的意见。然而，应该注意的是，学生评估的主要目的是改进课程的教学过程和使教师明确自身的优势和劣势，从而改进课程和教学，而不是简单地为教师分配"分数"，用来奖励或惩罚他们。应全力防止学生评价成为"人气竞赛"。在正式采用可靠的评估工具之前，教师应该被允许让学生尝试回答不同的问题。此类问题可能包括：学生根据自己的努力和表现进行自我评估、他/她期望获得的成绩、他/她之前的课程作业以及参加特定课程的原因。除了年终评估，教师应该被允许在课程早期先简单了解一下学生评估结果，以便他/她能随时对自己的表现做出必要的调整。

4. 学生接收

(1) 本科生概况

1995—1999 学年的 5 年间，学生总定员 4 400 人没有变化。1997 年 5 133 人是最少的，1999 年 5 433 人是最多的。结果，满员率也出现了变化，除 1997 年达到 116.8%，最接近 100% 外，其余都比满员率高出 20% 左右。从性别上看，女学生的数量在稳步增加，特别是从 1997 年开始，以年 10% 的速度大幅增长。

休学人数从 1995 年、1996 年的 11 人减少到 1997 年以后的 7 人。1999 年度退学学生的人数，徘徊在 450 人左右，与现在学生人数相比，停留在不足 10% 的范围内。①

（2）毕业生去向

政治经济学部 2020 年毕业生去向主要是就业、升学及其他（包括准备升学、资格证考试及正在求职）如图 5-1 所示。

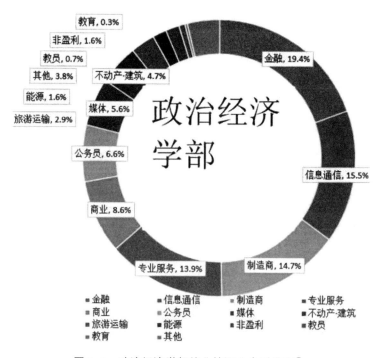

图 5-1　政治经济学部就业按职业类别排序②

从图 5-1 中可见，按照类别来划分，整个政治经济学部的毕业生金融行业的就业率最高，占 19.4%，其次依次是信息通信行业的 15.5%，制作行业 14.7%，专门服务行业的 13.9% 等。最低依次分别为旅游行业、能源行业、教师，教育。教师和教育行业最低分别为 0.7% 和 0.3%。

---

① 日本早稻田大学官网［EB/OL］. https：// www. waseda. jp/top/about.
② 日本早稻田大学官网［EB/OL］. https：// www. waseda. jp/fpse/pse/applicants/career/.

　　按照学科类别来划分(表5-13)，经济学科和政治学科的就业率与就业地基本相同。金融行业的就业率最高，分别占22.4%和18.5%，其次依次是信息通信行业的17.4%和12.9%，制作行业的13%和16.6%，专门服务行业的17.4%和9.2%等。最低依次分别为旅游行业、能源行业、教师，教育。在教师和教育行业中经济学科和政治学科都最低，分别为0.7%和0.0%，以及0.7%和0.0%。

表5-13　按学科划分的就业率

| 学科类别 | 政治学科 | 经济学科 | 国际政治学科 |
|---|---|---|---|
| 金融 | 18.5% | 22.4% | 17.5% |
| 信息通信 | 12.9% | 17.4% | 17.5% |
| 制造商 | 16.6% | 13.0% | 15.4% |
| 专业服务 | 9.2% | 17.4% | 14.0% |
| 商业 | 10.0% | 8.0% | 9.1% |
| 公务员 | 9.2% | 4.0% | 7.7% |
| 媒体 | 6.3% | 5.0% | 7.0% |
| 不动产·建筑 | 5.2% | 5.0% | 4.2% |
| 旅游运输 | 4.1% | 2.0% | 3.5% |
| 能源 | 2.6% | 1.3% | 0.7% |
| 非营利 | 3.0% | 1.3% | — |
| 教员 | 0.7% | 0.7% | 0.7% |
| 教育 | 0.7% | — | 0.7% |
| 其他 | 1.1% | 2.3% | 2.8% |

　　由此可见，政治经济学部的毕业生大多选择与经济、信息、金融制造业相关的领域就职，从事旅游、能源较少，从事教师及教育行业的毕业生则显更少。

表5-14 政治经济学部就业去向按照就业人数由高到低排序①

| 企业·团体名 | 人数 | 企业·团体名 | 人数 |
|---|---|---|---|
| 国家公务员综合职 | 16 | 日本放送协会(NHK) | 7 |
| (株)NTT数据 | 11 | 富士通(株) | 7 |
| 三菱商事(株) | 10 | 埃森哲(株) | 6 |
| 东京都职员Ⅰ类 | 10 | NTT DoCoMo | 6 |
| 东京海上日动火火灾保险(株) | 9 | (株)日本政策投资银行 | 6 |
| (株)三井住友银行 | 9 | 安比咨询(株) | 6 |
| 雷索纳集团 | 9 | 软银集团 | 6 |
| (株)三菱UFJ银行 | 8 | 三井住友信托银行(株) | 6 |
| 安永战略咨询有限公司(株) | 7 | 日本生命保险(相) | 6 |
| 瑞穗金融集团(株) | 7 | Azusa审计有限责任公司 | 6 |
| (株)日立制作所 | 7 | IBM日本有限公司 | 5 |
| 德勤东华咨询 | 7 | 瑞穗综合研究所株式会社 | 5 |
| 乐天集团(株) | 7 | 三菱日联摩根士丹利证券有限公司 | 5 |
| 三井物产(株) | 7 | 三菱UFJ信托银行(株) | 5 |
| 住友商事(株) | 7 | 农林中央金库 | 5 |
| 日本电气(NEC)(株) | 7 | | |

从表5-14就业去向按照人数由高到低排序表来看,国家公务员最多为16人,其次依次为NTT数据的11人,三菱商事和东京都职员分别10人,最少为三菱UFJ信托银行(株)和农林中央金库,都是5人。但从给出的行业来看,还是金融、制造业最高。由此可见,政治经济学部的毕业生大多还是选择与经济、信息、金融制造业相关的领域就职的较多。

总之,早稻田大学政治经济学部实施了自我评价与考核。主要内容包括:教育育人理念与目的、师资力量、课程及学生接收等方面。经济学部育人目

---

① 日本早稻田大学官网[EB/OL]. https://www.waseda.jp/fpse/pse/applicants/career/.

标秉承大学教育理念，为社会培养和输送了大量的优秀经济人才和商界精英。积极重视教师教育与培养。拥有一大批知识渊博、经验丰富、具有实际经验的优秀教师。为提高教学质量，课程方面大量采用少数人教育、研讨型授课方式。在扩充外语课程教学的同时积极开展授课评价。学生接收多年持续稳定，毕业生就业单位以从事金融、信息通信为主，就业率始终保持在较高水平。

## 三、普通型大学——以九州大学、福冈大学为例

### (一)九州大学本科经济学专业评价标准和考核方式

九州大学位于日本福冈市，日本九州地区最高学府，其经济学部下设经济与经营、经济工程学 2 个学科。

九州大学经济学部基于标准的自我评估简述如下。

1. 经济学部的培养目标

经济学部根据九州大学的教育理念，在各学科都设置了自己的人才培养目标。经济和经营学科人才培养的目标是：①掌握并理解现代经济社会所需的经济规律。②通过经济和管理学固有的分析方法，掌握能把握现代经济社会的专业能力。③掌握经济经营学的基础理论和广泛修养，感受现代经济社会的实际性和国际性。④培养能适当处理和解决复杂多样化的现代经济社会所面临的问题的能力。⑤培养能适用于各种职业背景和实际生活，理解经济和经营学观点并且具有专业能力的人力资源。

此外，在《九州大学的中期目标(平成 22—27 年度)》中写道："为了达成两个宪章所提出的目的，立足于明确的学问体系，在重视跨学科的新学问领域的同时，我们的教育目标是培养具有丰富的文化修养和良好的品德具有世界视野能够终身保持高水平、能动学习的领导人才。"①九州大学的经济学部根据九州大学的中期目标、中期计划，也制订了本部门的中期目标。

2. 教育研究组织

经济学部目前由培养本科生教育的经济与经营学科和经济工程学科及培

---

① 九州大学官网[EB/OL]. https：//www. kyushu-u. ac. jp/ja/university/plan/chuki.

养研究生教育的经济学研究院构成。学部下设学部教授委员会、学部教务委员会两个重要的机构。经济学部教授委员会由学部教授、副教授和讲师构成。会议每个月举行一次。主要审议事项包括：学部的人事等(学部主任、副主任、讲师、兼职讲师等)；与学部有关的重要事项；学部中期目标中期计划；教育课程(授课科目、教育方法、考试等)；关于学生的调动(入学、毕业、休学、退学等)；关于学生身份(开除学籍、惩戒等)；外国留学生，研究生相关事项；学部内各规则的制订，修改，废除；与本科教育有关的检查和评估等事项；与其他学部的管理运营相关事项。

从以上审议内容可见，学部教授委员会在经济学部审议的事项很多，几乎涵盖了学部所有的重大事件，且在许多重要决定上发挥着关键的作用。学部教授委员会审议学部发展目标、授课方法、学生事宜、规章制度及教育相关的所有内容，确保了学部部门成员之间的均衡发展和学部的正常运营。

学部教务委员会由学部 10 名成员构成，每月召开一次，主要负责和处理教学与教务方面的事情。

3. 教师和教育支持人员

如表 5-15 所示，截至平成 26 年(2014 年)5 月 1 日，经济学部在籍学生人数 1 109 人，任课教师人数 172 人，其中，本部教师 163 人、外聘教师 9 人。

表 5-15  九州大学经济学部学士课程专任教师和外聘讲师负责的授课科目①

(截至 2014 年 5 月 1 日)

| 学部名称 | 分类科目 | 教授和副教授 | 讲师和助教 | 专业教师承担科目百分比/% | 外聘讲师 | 兼职教师承担科目百分比/% |
|---|---|---|---|---|---|---|
| 经济学部 | 主要课程科目的科目数 | 112 人 | 15 人 | 94.8 | 7 人 | 5.2 |
| | 除主要课程外的课程数 | 33 人 | 3 人 | 94.7 | 2 人 | 5.3 |

① 九州大学官网[EB/OL]. https：//www3. ir. kyushu-u. ac. jp/university-evaluation.

表 5-16　九州大学经济学部具有工作经验的教师配备情况①

| 部门名称 | 教师的职业种类及实际业务经验内容 |
|---|---|
| 经济学部 | 教授、副教授和讲师：私营公司董事，有外国公司经验的人，有银行工作经验的人，注册会计师等 |

如表 5-16 所示，截至平成 26 年（2014 年）5 月 1 日，从教师的职业种类和实际业务经验来划分，经济学部授课教师既包含教授、副教授、讲师这样的学部派，还有那些公司的董事、外国公司工作的人、注册会计师等具备实际职场经验的成功人士。

表 5-17　九州大学经济学部 TA（教育辅助者）的部署情况（平成 25 年[2013 年]实绩）②

| 部门名称 | TA 的总人数 | TA 的总小时数 |
|---|---|---|
| 经济学部 | 19 人 | 880 |
| 文学部 | 33 人 | 2 039 |
| 法学部 | 13 人 | 1 042 |
| 理学部 | 331 人 | 16 157 |

"TA（teaching assistant）"，即我们所说的"助教"。日本的大学中的 TA 基本都是由学部的研究生担当。由于承担角色和任务不同，TA 又可分为教学型和科研型。由表 5-17 可见，经济学部的 TA 总人数是 19 人，总小时数为 880。TA 的出现不仅锻炼了研究生的协作能力和业务水平，也极大地缓解了教师教学和科研的压力。

经济学部为提高教师水平和教学效果，培养学生的综合能力和创造力，保证教育研究质量和水平，积极提出相关的提议和方案。表 5-18 是经济学部平成 21 年至平成 25 年（2009 年—2013 年）年提出的研究课题被采用的情况。

---

① 九州大学官网[EB/OL]. https：//www3. ir. kyushu-u. ac. jp/university-evaluation.
② 九州大学官网[EB/OL]. https：//www3. ir. kyushu-u. ac. jp/university-evaluation.

表 5-18 九州大学经济学部教育质量改进支持方案(EEP)采用情况(2009—2013 年)①

| 采用年度 | 部局 | 研究课题 |
|---|---|---|
| 平成 21 年 | 经济学部与经济学府 | 经济学部与学府教育高度化推进计划 |
| | 经济学府 | 提高 MBA 项目竞争力的计划 |
| 平成 22 年 | | |
| 平成 23 年 | 经济学部，经济学府 | 为不同的学生提供多种支持 |
| | 经济学府 | 通过企划竞赛培养事业创造力 |
| 平成 24 年 | | |
| 平成 25 年 | 经济学部，经济学府 | 全球人力资源开发的多层次资助项目 |
| | 经济学府产业管理专业 | 加强 MBA 项目的亚洲业务 |

如表 5-19 所示，经济学部出于对本科生课程教育指导能力评估的需要，公开招聘教师时，除了"研究教育领域""讲座内容"之外，还要明示"讲义科目"，而且根据需要，还要设置取得博士学位等条件。在职称评聘、晋升高级别职称时，还要考核本人发表的论文质量，及其教育指导能力和研究指导能力。

表 5-19 九州大学经济学部学士课程教育指导能力评估的措施和考虑②

| 部门名称 | 基于基本观点的努力 |
|---|---|
| 经济系 | 在公开招募教师的时候，除了"研究教育领域""讲座内容"之外，还要明示"讲义科目"，而且根据需要，还要设置取得博士学位等条件<br>●晋升为教授时，以获得博士学位、单著或在著名学会杂志上发表论文为标准，严格执行<br>●晋升时，也要参考教育指导能力和研究指导能力<br>●通过课程评估问卷等适当评估学士课程的教育和指导能力<br>●对具有较高研究指导能力的教师的评估将在 2006 财政年度试行的教师绩效评估系统中实施 |

① 九州大学官网[EB/OL]. https：//www3. ir. kyushu-u. ac. jp/university-evaluation.
② 九州大学官网[EB/OL]. https：//www3. ir. kyushu-u. ac. jp/university-evaluation.

九州大学以所有教员为对象进行教员业绩考核。考核从平成 18 年(2006 年)的试运行,到平成 20 年(2008 年)正式开始实施,平成 26 年(2014 年)进行了第二次教师业绩考核。教师业绩考核的目的是,教师通过自我检查、评价情况来提高教育研究,同时学校会将评价结果活性化,支援教师教学与研究活动。

授课评价调查问卷的结果返还给各教员,除了对教员授课改善起到作用外,经济学部还进行了整体分析,整理成小册子,分配给全体教员的同时,召开研修会,提出有关大学教师发展的建议。对必要事项采取预算措施,酌情处理。

表 5-20 是经济学部平成 25 年(2013 年)进行的本科生和研究生授课评价问卷调查情况,学部开课科目 180 门,其中 145 门参与了问卷调查活动,但从表中我们可以发现,这些参与问卷调查的科目实际上是被要求强制问卷调查的科目。

表 5-20 九州大学经济学部实施授课评价问卷调查的科目①

| 部门名称 | 平成 25 年授课科目数 | 进行了授课评价问卷调查的科目数实际成绩(平成 25 年实际) | 实行授课评价问卷调查强制实施的科目数(平成 25 年实际) |
|---|---|---|---|
| 经济学部 | 180 门 | 145 门 | 145 门 |
| 经济学府 | 176 门 | 122 门 | 122 门 |

4. 学生的接收

经济学部官网上写道:希望接收那些由于科学技术的发展和经济全球化等原因,对正在发生着巨大变化的现代经济社会有着浓厚的兴趣,需要掌握经济学与经营学的基础理论和广泛的教养,并且通过磨炼具有丰富的国际感觉,致力于培养拥有面对人类社会所面临的各种问题的气概的学生。

学校接收主要通过以下方式来进行。①推荐入试;②AO 入试;③秋季入学考试;④后期日程;⑤其他有特色的接收方法。

---

① 九州大学官网[EB/OL]. https://www3.ir.kyushu-u.ac.jp/university-evaluation.

经济学部入学考试方式包括：①经济工程学专业的一部分入学考试作为推荐入学考试，选拔优秀学生。②以小论文的形式出题，经济与经营学科根据英语的阅读理解能力，经济工学学科根据数学逻辑能力进行选拔。③实行以自费外国留学生、海归为对象的选拔考试，促进学生人员构成多样化。

经济学部对留学生、社会人员和插班生的入学选拔，主要通过笔试和面试进行，判断学生的综合学习能力。经济与经营学科还要通过英语或数学考试，经济工学科要通过数学考试和口试考试，来判断有无学习能力。

选拔方式和方法也不是永远不变的，经济工程学科由于担心专业学生的写作能力不足，以及以科目数少考试变得容易等简单理由排除志愿。因此，经济工程系个别学力检查前期日程的入学考试科目，从平成24年(2012年)度入学考试开始，由数学、英语2个科目变更为数学、英语、国语(仅现代文)3个科目。

表 5-21　九州大学经济学部学士课程入学者的选拔实施状况(平成 26 年[2019 年])①

| 学部名 | 课程 | 学生定额 | 通过 AO 方式进行选拔 | | 一般的选拔 | | 归国子女特别选拔 | 社会人特别选拔 | 自费外国留学生特别选拔 | 三年级入学 |
|---|---|---|---|---|---|---|---|---|---|---|
| | | | | | 招募人员 | | | | | |
| | | | 学部学科 | 21 世纪罗格拉姆 | 前期日程 | 后期日程 | | | | |
| 经济学部 | 经济经营学科 | 150 | 适用无 | (1) | 116 | 33 | 若干 | 适用无 | 若干 | 10 |
| | 经济工学科 | 90 | 适用无 | (1) | 69 | 20 | 若干 | 适用无 | 若干 | 10 |

表 5-21 是平成 26 年(2014 年)学士课程入学者的选拔实施情况。经济与经营学科定额为 150 人，实际招生情况是，通过一般选拔和学校内升学等共招生 160 人；经济工程学科定额为 90 人，实际招生 100 人，完成预定招生计划。

① 九州大学官网[EB/OL]. https：//www3. ir. kyushu-u. ac. jp/university-evaluation.

5. 教育内容与方法

九州大学经济学部努力保持教育目标与课程政策关系的一致性和系统性。无论是以"通过经济、经营学固有的分析方法，掌握把握现代经济社会的专业能力"为教育目的的经济与经营学科，还是以"综合学习理论和分析工具及其应用，掌握综合把握经济的能力"的经济工程学科，都采用以 1~2 年的"导入型基本科目"和"基本科目"为基础，配置 3~4 年的"专业教育科目"与"演习科目"的积累型的课程。

此外，以"掌握正确应对现代经济社会所面临的各种问题，解决这些问题的能力"为教育目的的经济与经营学科和以"掌握综合把握、分析、创造性地解决现代经济所面临的各种问题的能力"的经济工程学科，在课程方针中，通过在 1~4 年的所有学年配置"少数人的演习类"科目，保证了每个人都有细致的学习机会。

经济学部专业教育中根据学生需求编制教育课程。考虑到：培养学生社会和职业独立所需的能力；对学术课程的发展趋势（包括负责教师的研究成果）的反映；以及和国内外其他大学的学分互换与交换留学制度的实施；双学分制度的引进等原因，学部重新编制课程。如，野村证券提供的"证券市场的功能和投资行为"讲座和住友生命提供的"人寿保险的功能和特点"讲座由活跃在金融和保险前沿的讲师授课。在会计学部的部分研讨会上，为立志成为税务师和注册会计师的学生提供个别指导。此外，还定期举行注册会计师说明会。

经济学部学生成绩评价方法。每个科目都规定了具体的评价方法，并登载在教学大纲中公开发表。教员组成小组，在共同教学大纲中实施授课的一年级的导入基本科目以及二年级的基本科目群中，小组内根据需要进行适当的调整。

"九州大学经济学部规则（节选）""经济学部学习细则"和"课程分类"被公布在九州大学经济学部的"学生手册"中，并传播给学生。另外，《学生便览》中还记载了"修得学分检查表"，学生自己可以确认细节处是否有错误。

6. 学习成果

经济学部的学习成果评价主要可以从以下几个方面概述。

（1）学生毕业率

九州大学的学生毕业率方式有两种计算方法，标准修业年限毕业率（表5-22）和标准修业年限×1.5毕业率（表5-23）。很明显与标准修业年限毕业率相比，后一种毕业率更高，都在90%以上。

表5-22　九州大学经济学部本科生标准修业年限内毕业率

（平成21年—平成25年，2004年—2013年）①

| 学士课程（标准修业年限4年） | 平成18年入学（平成21年毕业） | 平成19年入学（平成22年毕业） | 平成20年入学（平成23年毕业） | 平成21年入学（平成24年毕业） | 平成22年入学（平成25年毕业） |
|---|---|---|---|---|---|
| 经济学部(%) | 79.9 | 80.6 | 77.5 | 79.0 | 75.9 |

表5-23　九州大学经济学部本科生"标准修业年限×1.5"毕业率

（平成20年—平成25年，2008年—2013年）②

| 本科课程 | 到平成21年为止的毕业率 | 到平成22年为止的毕业率 | 到平成23年为止的毕业率 | 到平成24年为止的毕业率 | 到平成25年为止的毕业率 |
|---|---|---|---|---|---|
| 学士课程（标准修业年限4年） | 16年度入学 | 17年度入学 | 18年度入学 | 19年度入学 | 20年度入学 |
| 经济学部(%) | 91.6 | 92.3 | 90.9 | 94.3 | 91.8 |

注：根据到2013财政年度为止在标准学习年限×1.5年内毕业或完成的学生的学籍信息（学务信息系统），按以下定义计算。统计是追溯到入学的年度进行的，以入学人数为分母。

标准修业年限×1.5年内毕业完成率=（标准修业年×1.5完成人数)/（入学人数）×100（值为%）

但标准修业年限×1.5，学士课程为6年（医牙药为9年），硕士课程、博士前期为3年，博士后期课程为4.5年（按月计算），博士课程为6年，博士一贯为7.5年（按月计

---

① 九州大学官网[EB/OL]. https：//www3. ir. kyushu-u. ac. jp/university-evaluation.

② 九州大学官网[EB/OL]. https：//www3. ir. kyushu-u. ac. jp/university-evaluation.

算)，专业学位课程为 3 年或 4.5 年(按月计算)。值为百分比，小数点后一位。

来源：九州大学校务信息系统

(2)学生学位授予

表 5-24　九州大学经济学部毕业生学位授予情况统计

(平成 21 年—平成 25 年，2009 年—2013 年)①

| 系(学士) | 学位名称 | 平成 21 年 | 平成 22 年 | 平成 23 年 | 平成 24 年 | 平成 25 年 |
|---|---|---|---|---|---|---|
| 经济学部 | 学士(经济学) | 241 人 | 255 人 | 243 人 | 244 人 | 236 人 |

在表 5-21 中提到，经济学部每年的定额是 240 人，校内 3 年级编入升学每年约 10 人，共约 250 人左右。通过表 5-24，我们可以看到，经济学部的学生学位授予情况还是很高的。

(3)本科生论文和学生获奖

经济学部现在的课程没有毕业论文制度。但以研讨形式开课的教师有的会要求学生提交课程论文。从平成 23 年(2011 年)开始，在九州大学教育质量提高支援计划的框架下，有发表论文集的研讨会，收录在这个论文集中的学生论文，指导老师会给予很高的评价。

(4)学生就职与升学

经济学部毕业生大多到民营企业就业。从就职领域来看，金融和保险机构的就业人数较多，超过毕业生的 20%。其次是在拉动日本经济的制造业大企业就职，还有在作为新产业的信息通信领域就业的人数较多。另一方面，在国家、县、市町村等公共机关就业的人数也不少，约占 10% 左右。虽然考入研究生院的人数不多，每年有十几人(占全体毕业生的 5% 到 7%)。

表 5-25 是经济学部平成 21 年—平成 25 年(2009 年—2013 年)的毕业生求职者就业率情况。平成 21 年(2009 年)最高 100%，其他年份都在 90% 左右徘徊。

---

① 九州大学官网[EB/OL]. https：//www3. ir. kyushu-u. ac. jp/university-evaluation.

表 5-25 九州大学经济学部毕业生求职者就业率①

| 系 | 数据类型 | 平成 21 年 | 平成 22 年 | 平成 23 年 | 平成 24 年 | 平成 25 年 |
|---|---|---|---|---|---|---|
| 经济学部 | 就业人数 | 190 人 | 197 人 | 183 人 | 186 人 | 177 人 |
| | 求职人数 | 190 人 | 212 人 | 204 人 | 207 人 | 198 人 |
| | 就业率 | 100.0% | 92.9% | 89.7% | 89.9% | 89.4% |

表 5-26 九州大学经济学部本科生就业单位一览(2009—2013 年)②

| 年度 | 公司名称 |
|---|---|
| 平成 21 年 | RKK 计算机服务,JR 九州,NTT 数据,西日本电报电话(NTT 西日本),德勤咨询西日本,黑崎播磨,鹿儿岛县厅,邮局株式会社,农林中央金库,西日本铁道,西日本城市银行,税务师法人平成合计社,税务师事务所,福冈银行,福冈财务支局,福冈县厅,福冈市厅,麻生株式会社,东芝株式会社,大分银行株式会社,大分广播株式会社,三阳商会株式会社,金属一株式会社,电装株式会社等 |
| 平成 22 年 | UR 都市组织,TOTO 株式会社,NYK Container Line 株式会社,NTT 西日本,NTT 通信,KCCS 管理咨询株式会社,JFE 工程株式会社,NTT 数据株式会社,福冈银行株式会社,安川电机株式会社,奥比克株式会社,NTT DoCoMo 株式会社,鹿儿岛县政府,鹿儿岛市政府,饭冢市政府,关西电力株式会社,关西电力,门司海关,长崎文化广播株式会社,野村证券,朝照院,农林中央金库,丰田通商,西日本电报电话株式会社,西日本城市银行,英进馆等 |
| 平成 23 年 | LIXIL,JFE 钢铁,JA 福冈信联,JA 全农(全国农业工会联合会),ACN 九州,(株)三井住友海上火灾保险,(株)防卫省,阪和兴业,关西电力,门司海关,长崎县,长崎新闻社,野村证券株式会社,野村证券,邮局株式会社,农林中央金库,西日本电报电话株式会社(NTT 西日本),西日本花旗银行,综合保安保障(株),经济产业省(事系系 2 种),筑邦银行,第一生命,福冈银行 |

---

① 九州大学官网[EB/OL]. https://www3. ir. kyushu-u. ac. jp/university-evaluation.
② 九州大学官网[EB/OL]. https://www3. ir. kyushu-u. ac. jp/university-evaluation.

续表

| 年度 | 公司名称 |
|------|---------|
| 平成24年 | NTT 数据，NEC，NASIC，LIXIL，JX 日矿日石石油基地株式会社，JX 日矿日石石油基地，JFE 工程株式会社，ANA，（株）TKC，（株）NTT 数据九州，（株）JSOL，（株）EM 系统，（株）电通九州，（株）亲和银行，（株）船井综合研究所，（株）肥后银行，（株）福冈银行，（株）福冈广播，（株）杉孝，（株）日立 ICT 商务服务，（株）日立系统，（株）日本政策金融公库，（株）日本保育服务，（株）损害保险日本，广岛银行(株)，岛屋(株)，安川电机(株)等 |

综上所述，九州大学经济学部于平成 26 年(2014 年)实施基于大学机构的认证评价。评价内容覆盖了教育目的、教育研究组织、教师和教育支持人员、学生的接收、教育内容与方法、学习成果、质量保证、财务资金等 10 个方面。从考核与评价结果来看，经济学部无论从学生的培养目标、课程设置、师资培训及毕业生质量与九州大学的教育宪章和教育理念与育人目的基本达成了一致。

**（二）福冈大学本科经济学专业评价标准和考核方式**

福冈大学及经济学部，于令和 2 年(2020 年)对所属各个专业进行了全面系统的自我评价和考核。评价和考核的内容包括：学部教育理念和目的、内部质量保证、教育研究组织、教育课程、学习成果、学生的接收、教师和教师组织、学生支援、教育研究等环境、社会合作与社会贡献等。[①]

1. 学部教育理念和目的

福冈大学以建学精神为基础，将全人教育作为目标，将"'人才教育'(Specialist)和'人类教育'(Generatist)共存""'学部教育'(Faculty)和'综合教育'(University)共存""'地域性'(Regionalism)和'国际性'(Globalism)"的"三个共存"作为教育研究的理念。根据《昭和 22 年(1947 年)法律第 26 号》第 83 条之规定，福冈大学制订了关于人文、经济、法律、商学、理学、工学、医学、药学以及体育科学的专门研究和教授纲要，以培养有学识、有教养的人

---

① 肖永利，孟兰芳. 日本高校校内外专业评估的特点和启示[J]. 教育教学论坛，2018(11)：215–216.

才为目的。

基于大学教育研究的理念及人才培养的目的，经济学部及所属学科，都制订了与之相适应的教育研究的目的，经考核确认，其内容与大学的理念、目的相关联。并且教育研究的目的内涵，在向教职员工及学生进行告知的同时，也在学部的网站上广泛地向社会公开。

2. 内部质量保证

作为推进内部质量保证的全面政策，福冈大学在令和元年(2019 年)制订了"福冈大学内部质量保证方针""自我检查与评价推进会议"和各领域的内部质量保证会议体系，展示了校内自我检查、评价的全过程，并承担了保证自我检查和评价的客观性作用。责任组织"自我检查与评价推进会议"以校长为议长，由副校长(4 人)、事务局长、系主任(9 人)、教务部长、学生部长、图书馆馆长、研究推进部长、第二部主管、研究科长(9 人)、法科大学部长、区域合作推进中心主任共计 31 人构成。各领域推进内部质量保证会议体如表5-27 所示。

根据"福冈大学内部质量保证方针"的要求，经济学部每年都会对各项活动进行经常性的自我检查和评价。

表 5-27  各领域推进内部质量保证的会议体①

| 领域名称 | 各领域的会议体 |
|---|---|
| 教育、学生的接受与学生支援 | 教育推进会议 |
| 研究 | 研究推进本部会议 |
| 社会合作与社会贡献 | 区域合作推进会议 |
| 大学运营与财务 | 企划运营会议 |

3. 教育研究组织

福冈大学基于大学教育研究的理念及人才培养的目的，在令和 2 年(2020年)，共设置了 9 个学部 31 个学科，10 个研究科 34 个专业②。

---

① 福冈大学官网[EB/OL]. https：//www. fukuoka-u. ac. jp/aboutus/approach/fd/.
② 福冈大学官网[EB/OL]. https：//www. fukuoka-u. ac. jp/aboutus/approach/fd/.

另外，除了设置了支持学部和研究科教育研究的各种中心（信息基础中心、入学中心、国际中心、就业和未来发展支援中心、延伸中心、教育开发支援机构等）以及研究所之外，作为面向外国留学生的日语教育机构，还设立了留学生别科。这些教育研究组织设置的原因主要有两个，一是顺应时代变迁的学术动向，二是区域社会的需要。

关于教育研究组织的合理性，除了进行全校的自我检查和评价活动之外，为了应对社会动向和法律修正、文部科学省的答复等外部因素或者校内的课题等内在因素，还设置了"必要的委员会"，来重新审视现有的教育研究组织的情况，进行检查和重新评估。具体来说，在平成29年（2017年），设置了"教学系统组织重组筹备委员会"，目的是谋求共同教育整体管理体制的重构。令和2年（2020年），作为企划运营会议的咨询机构，设置了"学部等合作课程讨论特别委员会"。

4. 教育课程与学习成果

平成28年—平成29年（2016—2017年），经济学部依据《政策的重新评估等相关指导方针》，针对学部内全部学科，制订了相应的学位授予方针。并在全校的官网和学部的网站、学部指南、指南手册中公开。根据学位授予方针，制订了教育课程编制和实施方针。教育课程体系、教育内容、构成教育课程的授课科目分类、授课形式等关于教育的基本想法应与学位授予方针相吻合。

经济学部根据教育课程的编制和实施方针，开设了适合各个学位的课程。但在自我评价和考核中，重新探讨了以下问题。①教育课程的编制、实施方针与教育课程的吻合性。②教育课程编制的顺序性、体系性及课程定位（必修、选择等）。③学分设置是否合理。④学位课程的教育内容与方法等。

经济学部课程评价主要依据《福冈大学成绩考核规程》来执行。《福冈大学成绩考核规程》规定福冈大学学生成绩评价按照分数形式严格执行。各授课教师根据大纲所示的"成绩评价基准及方法"实施成绩评价。另外，在由第三方进行课程大纲检查时，对大纲所示的"成绩评价基准及方法"是否妥当可以提出质疑。此外，为了保证成绩发表的严格性和正确性，在成绩发表后的一定期间内，必须接受学生关于成绩评价的咨询。

根据学校要求，经济学部对各专业的教育课程及其内容、方法的恰当性进行检查和评价，实施教学计划的修改。在学部内成立"课程委员会"进行课程检查和评价工作。全校实施的授课问卷和学部独自的毕业生问卷调查的结果，作为实施检查、评价的方法和根据。利用教育开发支援机构的教学 IR 室，对各种教育数据进行统计和分析，以报告书等形式在校内共享，促进在程序水平和教学水平上的教育改善。

此外，经济学部为了活跃课堂内外学生的学习，采取了更加有效的教育措施。例如，开设少数人课程，促进学生主体参加的授课形式、授课内容及授课方法。以小组工作和 PBL（基于问题的学习）为中心的授课形式，促进学生主体性学习。为提高教学效果，经济学部的专业课和共通教育科目都规定了选修人数的上限。

5. 学生的接收

经济学部全部学科都根据学位授予方针和教育课程的编排及实施方针，制定了相应的学生接收方针。用高中生容易理解的方式，明确了高中阶段应该学习的内容和具备的能力等。另外，入学考试制度也明确标明了入学选拔方法和招生人数。这些方针在学校的官网、"大学指南""学部指南""入学考试指南""入学考试要项"（别册）等中都有公开。关于学生接收方针的恰当性，与学位授予方针以及教育课程的编制、实施方针是否相同，经济学部会对其进行定期考查和验证。检查和评价包括，是否根据学生的接收方针，适当完善了招生及入学者选拔的制度和运营体制，公平实施了入学者选拔。

福冈大学在"令和 2 年度（2020 年）学校法人福冈大学事业计划"中，明确了关于接收学生的 5 个目标，（①学习能力的多方面、综合性评价；②修改申请时间等；③积极活用调查书、大学入学共通考试；④英语技能的综合评价；⑤所有入学考试分类中学力检查的必要化），要根据文部科学省所示的"令和 3 年（2021 年）大学入学者选拔实施要项"采用公正且妥当的方法进行入学者选拔。

根据学生的接受方针，经济学部采用了如表 5-28 所示的 4 种入学考试制度和方法。

表 5-28　经济学部 4 种入学考试制度和方法①

| 综合型选拔 | 多方面评价想在本校学习的意愿和强烈意志的自我推荐入学考试制度 |
|---|---|
| 学校推荐型选拔 | 是需要高中校长推荐的公开招募型，综合评价高中学习和课外活动等成果的入学考试制度 |
| 一般选拔 | 主要根据学力考试来判定合格与否的入学考试制度 |
| 特别选拔 | 归国学生、社会人选拔、学部留学生选拔、编入选拔组成的入学考试制度 |

关于接纳学生的合理性、选拔方法和名额等，每年都在新生入学选拔结束后，在入学中心进行。调查目的是谋求为使新生入学合理性得到良好的改善，调查时间流程如表 5-29 所示，大致内容如下。

表 5-29　学生入学接收合理性与否调查时间及流程②

| 10 月至第二年 4 月 | 入学中心的课题确认、验证、改善对策立案—与相关学部的个别协议—在入学中心运营委员会协商、立案—在教授会上审议 |
|---|---|
| 5 月 | 大学理事会审议决定下一年度入学考试制度 |
| 6 月 | 向校外公布入学考试制度 |

福冈大学在平成 30 年(2018 年)和令和元年(2019 年)实施的入学者选拔(一般选拔)中，发生了多个入学考试题的错误问题。对回答了这些错误考试题的考生，实施了全体加分后进行了合格与否的判定。入学考试题的检查，必须在考试实施前、实施中、实施后都要严格审查与确认。这两年来虽然对合格与否的判定没有影响，但却给考生带来了担心和麻烦。为了防止此类事件再次发生，在令和 2 年度(2020 年)的入学者选拔[针对令和 3 年(2021年)]度入学者对象中，大幅度修改入学考试问题的制作日程，给予制作入学考试题的教职员工充分的检查期间。

---

① 福冈大学官网[EB/OL]. https：//www. fukuoka-u. ac. jp/aboutus/approach/fd/.
② 福冈大学官网[EB/OL]. https：//www. fukuoka-u. ac. jp/aboutus/approach/fd/.

6. 教师与教师组织

福冈大学为要求教师形象和制订教师组织编制的相关方针，在令和元年（2019 年）发布了"要求的教师形象和教师组织的编制方针"。该方针除了展示学校所追求的教师形象之外，还展示了关于教员组织的编制、招募、录用、晋升、素质提高等基本意图。另外，该方针不仅在校内的网站上登载，在社会上也有广泛的公开。

经济学部在教育职员的招募、录用、升迁等一系列的教师人事计划中，都会根据教育职员要求的能力、资质、作用等制订内部规定，在学部教授委员会使用。

学部根据教师组织编制的方针，开展教育研究和教学活动。学部根据各学科课程的目的需求适当配置教师数量来满足教学需要，保证教学质量。关于专职教师的工作和授课担当，在"福冈大学专职职员就业规则"第 37 条中，规定了授课科目分类中的基本授课时数和最高授课时数。并且，为了不在专职教员之间产生较大的差距和分歧，规则的实施通过教授委员会、通常委员会的监督，努力使之标准化。

经济学部的专业教员主要担当专业课程的讲授，长此以往形成了自己独特的理论思想和思考方式。但学部考虑到不同教师的学术领域和专长，会通过学科会议定期进行调整和分配。共通教育科目中的一部分外语科目的负责人属于共通教育研究中心，由 4 名专职教育职员和 27 名任期内的外语讲师构成。关于外语科目的班级编排和时间编排，以人文学部所属的教育职员为中心，由共同教育研究中心所属教育职员协助实施。

关于录用、升职等手续，根据"福冈大学教育职员资格审查基准""福冈大学教育职员资格审查手续相关规程"以及学部的内部规定、申请等，① 由教授委员会、通常委员会等设置的人事委员会上进行了严格的审查后，经教育职员资格审查委员会在大学理事会上批准，最终由校长决定和任命。

7. 学生支援

为让学生专注于学习，过上安定的学生生活，根据大学的理念、目的、

---

① 福冈大学官网［EB/OL］. https：// www. fukuoka-u. ac. jp/aboutus/approach/fd/.

入学者的倾向等，福冈大学明确了支援学生的方针。令和元年（2019年）福冈大学制订了"学生支援方针"。该方针显示了关于学生的修学支援、生活支援、就业和前途支援的基本意图。

学校为了对全体学生进行适当的学生支援，设置了学生部、教务部、教育开发支援机构、国际中心、就职与未来发展支援中心、扩展中心等，各部门和各自的事务组织在教育职员和事务职员的教职协作体制下进行支援。学校组织各部门通力合作，开设了适应学生能力的补习教育和补充教育。

除此之外，教育开发支援机构还以积极的方式实施了所有学部、年级学生都可以参加的"从大学开始的'语言能力'培养计划"，包括学术性的讨论和写作、提供了少数人的小组学习问答方法等的机会。另外，每年发行一次"为了福大学生的学习导航"，向新生分发"为了在大学进行学习所需的各种内容"。另外，令和2年度（2020年）受新冠肺炎疫情扩大的影响，实施了远程授课，为了应对这种情况，除了普通的学习指导外，还向全体学生发行了电子版的"为福大学生提供的'接受远程授课的学习导航2020'"。

对留学生和有身体缺陷的学生提供了多种形式的修学支援活动。关于学部留学生，包括给予入学时的教育（包括烦恼的咨询和健康检查等健康管理方面的生活指导）、履修登录指导、成绩不佳者的修学指导、在日留学资格手续、学费等减免制度（通常是30%的减免，但成绩优秀者有20%的附加减免），还有支付型奖学金"福冈大学私费外国人留学生奖学金""福冈大学亚洲特别地区学部留学生学习奖励费"等支援。

关于有障碍学生的支援，以副校长为委员长，由事务局长、教务部长、学生部长、就业与未来发展支援中心长等组成"障碍学生支援委员会"。关于制度的概要、组织、手续等内容，通过残疾人学生支援研讨会和官方网站等向校内外广泛地宣传。另外，通过入学指南也向希望入学的志愿者进行宣传介绍。令和2年（2020年），因受到新冠肺炎疫情扩大的影响而实施远程授课，在授课教师和志愿者学生的协助下，灵活运用自动声音系统实施授课，收到了很好的教学效果。

针对成绩不好的学生，各学部和学科参考取得学分的情况和GPA等，对其进行广泛的调查，对个别学生进行修学指导。学部与学生进行面谈，进行学习和生活层面的指导和建议。另外，令和 2 年(2020 年)因受到新冠肺炎疫情扩大的影响，各学部在面对面的指导上都很困难，所以也会利用网络会议系统、电话、邮件等进行远程指导。对希望休学、退学的人，把握学生的问题，从教育的角度支援学生避免休学或退学。对有修学意愿但因经济原因希望退学的学生，介绍奖学金等经济支援制度，对有心理障碍和心理问题而有退学愿望的学生，给予积极的心理辅导。为那些即使一度退学，也希望能在一定条件下再次立志学习的同学，设置了"再入学"制度。

为学生提供职业生涯支援的体制，设立职业中心。作为支援全校学生的职业生涯形成和进行前途指导的组织，福冈大学设置了就业和未来发展支援中心，各学部配置了就业和未来发展支援中心委员和职业教育调整委员，完善了随时应对学生职业生涯形成支援的组织性支援体制。个别谈话中，除了学校职员以外，还从外部配置了专门人才(就职顾问、人事担当经验者、产业顾问)，充实了可以应对职业咨询的体制。另外，为了获得各种资格证书，提高职业技能，设置了扩展中心，根据学生的要求，根据本校独特的课程开设了各种各样的课外讲座。

8. 社会合作与社会贡献

有关社会合作和社会贡献的全校方针，福冈大学在令和元年(2019 年)制订了《关于社会合作和社会贡献的方针》。该方针显示了将本校的教育、研究、医疗成果还原到社会的基本想法。在地区合作推进中心、研究推进部、延伸中心、国际中心及各个学部、研究科等各部门中，基于与国内外的教育机关、行政机关、产业界等的合作，福冈大学利用综合大学的优势实施了广泛的社会合作和社会贡献活动。

## 四、应用型大学——以长崎大学、帝京大学为例

### (一)长崎大学本科经济学专业评价标准和考核方式

长崎大学有一个基本的教育核心理念，旨在"培养适应 21 世纪的实用型技术经济学家"。长崎大学对"实用型技术经济学家"的愿景是具备高水平的经济专业知识而且能将这些知识转化为切实有效的行动的人才。这些专业人士的培养一直也是长崎大学经济学部自成立以来追求的宗旨和传统。

长崎大学经济学部依据文部科学省的相关文件规定及大学考核标准，定期举行专业标准认证和考核工作。平成14年(2002年)对经济学部的教育与研究展开了自我评价。平成24年(2012年)的自我评价与考核把教员的研究活动作为评价内容。具体评价和考核内容如下。

1. 学部研究活动的组织体制

(1)教师组织

经济学部的教师属于学部，各教师属于6个讲座中的一个。平成24年(2012年)4月1日到现在教师的构成如表5-30所示。教师中不仅有学术界的教师，也有政府机关、民间企业、外国教师等具有丰富多彩的经历的教师。

表5-30　讲座和教师人数①

| 讲座 | 教师人数 | | | | |
|---|---|---|---|---|---|
| | 教授 | 副教授 | 讲师 | 助教 | 总计 |
| 理论与计量经济 | 5人 | 3人 | 0人 | 0人 | 8人 |
| 地域与经济政策 | 6人 | 3人 | 0人 | 0人 | 9人 |
| 经济合作与国际交流 | 5人 | 4人 | 1人 | 0人 | 10人 |
| 金融体系 | 6人 | 3人 | 0人 | 0人 | 9人 |
| 企业行为和决策 | 4人 | 5人 | 1人 | 0人 | 10人 |
| 经营管理与企业会计 | 3人 | 6人 | 0人 | 1人 | 10人 |
| 总计 | 29人 | 24人 | 2人 | 1人 | 56人 |

(2)经济学部研究组织

作为经济学部的研究体制设置，在校内的有经济学部研究委员会和东南亚研究所两个部门，在校外作为研究活动的中心，又设置了长崎大学经济学会。

研究委员会由学部教员组成，作为学部的常设委员会组织之一设立，负责学部和研究科的研究活动。该组织由一名研究委员长和三名委员组成。设

---

① 长崎大学官网[EB/OL]. https：//www. nagasaki-u. ac. jp/ja/guidance/disclosure/check/index. html.

置在学部的东南亚研究所每年发行一次《东南亚研究年报》,《东南亚研究丛书》作为著作发行。东南亚研究所的活动也得益于"财团法人长崎大学东南亚研究资助会"的支援。长崎大学经济学会以经济学部教师和学生为主要会员,是设在校外的组织,每年发行 4 次学会机关杂志《经营与经济》,并主办演讲会、研究会。

以上是长崎大学的研究支援体制,此外,学部的教育研究经费的分配(过去 5 年人均一年 45 万元日元左右,包括旅费)及经济学部图书馆(长崎大学附属图书馆经济学分馆)在学术杂志的购买等作为独立预算进行,对个人的研究费是分开对待的。

除了上述通常的研究支援外,还通过经济学部 100 周年纪念活动以及校长、学部主任裁减经费的支援体制来实施研究支援。

1. 研究成果

教师的主要研究成果可以分为经济学部、长崎大学经济学会以及东南亚研究所发行的学术杂志和著作,以及在校外的学会活动、学术杂志和书籍。以下将研究成果分为两类进行整理。

(1)校外的研究活动(各种学会等)

作为在校外的研究活动,主要是在著作、面向日本国内外的学会杂志等上的公刊、学会报告。表 5-31 是统计了各年度项目的件数。没有特别区别单著和合著。

表 5-31　校外著作、论文、国际学会年度数量①

| 年度 | 著作 | 海外同行评议论文(英文) | 日本国内同行评议论文(日文) | 英文等(非同行评议) | 日本(非同行评议) | 国际学术会议报告数量 |
|---|---|---|---|---|---|---|
| 2011 | 13 部 | 11 篇 | 8 篇 | 5 篇 | 8 篇 | 14 篇 |
| 2010 | 8 部 | 6 篇 | 6 篇 | 10 篇 | 7 篇 | 10 篇 |
| 2009 | 12 部 | 14 篇 | 6 篇 | 14 篇 | 14 篇 | 12 篇 |
| 2008 | 7 部 | 9 篇 | 7 篇 | 18 篇 | 19 篇 | 16 篇 |

① 长崎大学官网[EB/OL]. https://www.nagasaki-u.ac.jp/ja/guidance/disclosure/check/index.html.

续表

| 年度 | 著作 | 海外同行评议论文（英文） | 日本国内同行评议论文（日文） | 英文等（非同行评议） | 日本（非同行评议） | 国际学术会议报告数量 |
|------|------|------|------|------|------|------|
| 2007 | 9 部 | 14 篇 | 8 篇 | 20 篇 | 4 篇 | 16 篇 |
| 合计 | 49 部 | 54 篇 | 35 篇 | 67 篇 | 52 篇 | 68 篇 |

（根据作为资料附加的个人笔录以及长崎大学评价基础数据库和经济学部研究年报公布的数据进行统计。另外，没有对合著、单著进行区别。）

从表 5-31 可见，著作每年约发表 10 篇，包括国内外，每年平均同行评议论文发表 17.8 篇。同行评议论文中海外杂志共有 54 篇，比日本国内 35 篇还多将近 20 篇。另外，英语论文数 67 篇，日文 52 篇，整体上英文论文数也增多了。国际学学术会议的报告也是年平均 13.6 篇左右。这些都比以前有了很大的提升。

（2）校内的研究活动

大学内的研究活动的主体是长崎大学经济学部和东南亚研究所。

表 5-32　长崎大学经济学部研究年报的明细（括号内为英文数）①

| 年度 | 论文（篇） | 笔记（篇） | 资料（篇） | 合计（篇） |
|------|------|------|------|------|
| 2011 | 5(1) | 0 | 0 | 5(1) |
| 2010 | 6(3) | 2 | 0 | 8(3) |
| 2009 | – | – | – | – |
| 2008 | 3 | 0 | 0 | 3 |
| 2007 | 3(1) | 0 | 1 | 4(1) |
| 合计 | 17(5) | 2 | 1 | 20(5) |

（长崎大学经济学部东南亚研究所办公室调查）

注：由于平成 21 年（2009 年）至平成 22 年（2010 年）的发行时期为 6 月，所以 21 年度没有发行。

---

① 长崎大学官网［EB/OL］. https：// www. nagasaki-u. ac. jp/ja/guidance/disclosure/check/index. html.

表 5-33　长崎大学经济学部东南亚研究所《东南亚研究年报》刊登明细（括号内为英文数）①

| 年度 | 论文（篇） | 笔记（篇） | 资料（篇） | 合计（篇） |
|------|-----------|-----------|-----------|-----------|
| 2011 | 5(3) | 1 | 2 | 8(3) |
| 2010 | 6(4) | 0 | 0 | 6(4) |
| 2009 | 4(3) | 1(1) | 0 | 5(4) |
| 2008 | 3(2) | 0 | 0 | 3(2) |
| 2007 | 3(2) | 0 | 0 | 3(2) |
| 合计 | 21(14) | 2(1) | 2 | 25(15) |

（长崎大学经济学部东南亚研究所办公室调查）

长崎大学经济学部研究年报的成果如表 5-32 所示，由于发行日期变更，故到统计数据为止，平成 21 年（2009 年）还没有发行。如表 5-33 东南亚研究所以"东南亚研究年报"为形式，主要研究东南亚问题，广泛刊载了关于亚洲的研究成果。

（3）长崎大学经济学会的成果

长崎大学经济学会是以经济学部教师和学生为主的学会组织。经济学会每年发行 4 次学术杂志《经营与经济》。该杂志刊登的论文数量为 123 篇，每年约 25 篇，是经济学部研究活动的重要支柱。

表 5-34　长崎大学经济学会《经营与经济》刊登的明细（括号内为英文数）②

| 年度 | 论文（篇） | 笔记（篇） | 资料（篇） | 合计（篇） |
|------|-----------|-----------|-----------|-----------|
| 2007 | 21(1) | 0 | 3 | 24(1) |
| 2008 | 28(1) | 4 | 1 | 33(1) |
| 2009 | 26(3) | 5(1) | 1 | 32(4) |
| 2010 | 21(6) | 5 | 0 | 26(6) |

① 长崎大学官网［EB/OL］. https：//www. nagasaki-u. ac. jp/ja/guidance/disclosure/check/index. html.

② 长崎大学官网［EB/OL］. https：//www. nagasaki-u. ac. jp/ja/guidance/disclosure/check/index. html.

续表

| 年度 | 论文(篇) | 笔记(篇) | 资料(篇) | 合计(篇) |
|---|---|---|---|---|
| 2011 | 27(9) | 1 | 0 | 28(9) |
| 合计 | 123(20) | 15(1) | 5 | 143(21) |

（长崎大学经济学部东南亚研究所办公室调查）

（4）研究成果的总体印象

纵观校内及校外的研究成果，著作 54 本，论文 369 篇。因此，以年平均来看，著作约 11 本，论文约 74 篇。在此期间的在籍教师数如表 5-35 所示，所以通常每人每年要写 1.2 篇论文。

另外，关于"国立大学法人长崎大学第 1 期中期目标相关业务的实际成果"评价中的"学部和研究科等研究相关的现状分析结果显示：经济学部和经济学研究科"平成 16 年（2004 年）—平成 19 年（2007 年）的 4 年数据和平成 20 年（2008 年）—平成 23 年（2011 年）的 4 年数据来比较能看出，平成 16 年（2004 年）—平成 19 年（2007 年）的 4 年间，每个人的著作只有 0.3 本。但是，平成 20 年（2008 年）—平成 23 年（2011 年）为每人 0.73 本，大幅增加。另外，论文也从每人 4.2 篇增加到 5 篇，与上次的评价相比有所增加。

虽然同行评议欧美论文数量在平成 16 年（2004 年）—平成 19 年（2007 年）达到 38 篇，但在平成 20 年（2008 年）—平成 23 年（2011 年）为 40 篇，基本没有变化，提升数量将是今后的课题。总之与前一次评价相比，本次总体评价有了显著提高，从这一点上可以判断经济学部的研究成果充分发挥了其作用。

表 5-35　现有教员数量表〔平成 19 年（2007）—平成 23 年（2011）〕[1]

| 年度<br>4 月日现在 | 2019 | 2020 | 2021 | 2022 | 2023 |
|---|---|---|---|---|---|
| 定员/人 | 73 | 74 | 73 | 72 | 72 |
| 实际人数/人 | 65 | 64 | 62 | 58 | 56 |

（经济学部支援课总务科调查）

---

① 长崎大学官网［EB/OL］. https：//www. nagasaki-u. ac. jp/ja/guidance/disclosure/check/index. html.

2. 社会评价

（1）学会的召开

如表5-36所示，在全国学会、经济学部召开的以学会或教师为主体的学会，5年内全国学会有4次，学会的研究部会2次，学生的研究大会4次，总计8次，年平均1.6次。

表5-36　经济学部学会的召开①

| 年度 | 学会名称 | 举办日期 |
|---|---|---|
| 2007 | 日本应用经济学会春季大会（全国学会） | 2007年6月9日—10日 |
| | 日本医院管理学会第16回大会（全国学会） | 2007年7月7日 |
| | RAMP Shinpo（日本操作研究学会：数理计划研究部会）（学会研究部会） | 2007年10月25日—26日 |
| 2008 | 全国学生保险学研讨会大会（学部学生） | 2008年12月20日—21日 |
| 2009 | 日本运筹学学会秋季研讨会（全国大会） | 2009年9月9日—10日 |
| 2010 | 环太平洋产业关联分析学会第21届大会（全国学会） | 2010年10月30日—31日 |
| | 第54回全九州商经研讨大会（学部学生） | 2010年11月27日—28日 |
| 2011 | 日本会计研究学会第88次分会（学会部会） | 2011年7月30日 |

（根据个人笔录及教师的申请等制作）

（2）公开讲座与公共任职

除了定期在长崎市举办公开讲座外，研究机构的人员还在协会和国家机关、市町村部门任职发挥余热。

小结：基于大学评价与学位授予机构的考核内容一般包括教育理念和目的、研究成果、社会评价和教师的业绩等。2012年11月，长崎大学对过去五年，即2007—2011年的经济学部进行了新一轮的考核和评价。本次自我考核与评价仅限于教师研究领域方面。究其原因，一是过去的平成13年（2001年）实施的自我考核与评价指出，尽管在教师研究层面对国内外和地域社会的

---

① 长崎大学官网[EB/OL]. https：//www. nagasaki-u. ac. jp/ja/guidance/disclosure/check/index. html.

发展做出了一些贡献，但还远没有达到预期标准。同时实施的外部评价也指出与这些成果和贡献与科研经费获取的多少没有关系。因此，该问题如何解决一直是经济学部的一大重要课题。

目前经济学部教师队伍不仅包括本专业领域的教师，还有一些实业界的成功人士加入。经济学部全体教师经过不断的努力，在国内外出版社、期刊和学会上发表的著作、论文数量明显提高。但非同行评议论文（日文）和用英文执笔论文的增加等这些成果，以及在国际学会的报告等大幅度增加，成为学界谈论的一个话题。

**（二）帝京大学本科经济学专业评价标准和考核方式**

帝京大学目前与世界 28 个国家的 91 所知名大学建立了校际的国际交流。① 如美国的哈佛大学、哥伦布亚大学、科罗拉多州高地大学、南加州大学，英国的牛津大学、剑桥大学、杜伦大学，中国的上海交通大学、澳门大学、北京语言大学等。帝京大学的医学和经济学专业在日本非常有名，培养了许多商界和医学领域的精英人才。②

正如帝京大学的官网所描述的那样，学校的创立是为了通过高等教育来实现建校精神。为此，大学将"一种让学生带着问题感去行动，为自己带来的结果负责的生活方式"的教育理念作为学生应该具备的行动准则。学校倡导"自我流"的风格，将其定位为教师育人与学生学习的基本理念，期望每一个接受过帝京大学教育的学生能成为一个在社会立得住、自控力强的人。

遵循大学的基本理念和育人方针，经济学部把人才培养的目标定位为：能给社会提供充满个性、特点、富有创造力和具有人情味的经济专业性人才。

为培养出优秀的人才，实现建校之初的教育基本理念，令和 2 年（2020年），帝京大学发布了自我考核与评价结果。考核与评价主要从以下几个方面进行。

1. 人才培养目标与定位

经济是人类社会赖以生存发展的一个重要前提，帝京大学经济学部的目

---

① 帝京大学官网[EB/OL]. https：//www. teikyo-u. ac. jp/university/certification.
② 帝京大学官网[EB/OL]. https：//www. teikyo-u. ac. jp/university/certification.

标是使学生获得广泛的视角和解决问题的能力。学部通过向学生提供日本和世界经济方面的理论知识与实践技能，按照创始精神，培养能创造经济社会和商业模式的人才。根据"帝京大学自我检查与自我评估委员会"决议，经济学部各个学科制订教育目标等相关政策，在经济学部主页上发布了育人基本理念和培养目标方面的内容。

为应对大学考核与评价，帝京大学每年都对理工学部、医学技术学部、经济学部等的教育目标和相关政策进行审查。审查计划由各学部各专业自己制订，教务委员会审议，最终结果由全校自查自评委员会审议通过后由校长决定。

以平成 30 年(2018 年)开始使用的"大学全体的三个政策"为基点，为了验证各学部和各专业三个政策是否确保了一致性和完整性，也为进一步满足社会的需求，达到教育研究的目的，使必要的教育研究组织具有适当的结构，帝京大学根据需要实施了重新评估、讨论新设和改组学部、学科等。平成 30年(2018 年)，经济学部新设国际经济学科，开始为经济学部培养具有广泛教育背景、丰富的国际意识、扎实的专业知识和行动能力的人才。①

2. 学生的接收

帝京大学入学许可政策是以各学部、研究科为单位制订的。关于大学全体的许可政策，可遵循帝京大学校则第 1 条所规定的教育目的。各学部的招生政策，描述了各学部设定的教育目标和毕业文凭政策、应该培养的人力资源形象，以及在高等教育该做什么等内容，并且对入学者的能力、资质等方面提出了相应的要求。

经济学部根据招生政策，妥善管理新生选拔(入学考试)。目前，帝京大学经济学部有 AO 入学考试、推荐入学考试、普通入学考试、高考中心考试入学考试、海归入学考试、留学生特别入学考试、成人入学考试等多种选拔方式。

帝京大学为确保招生人数与实际录取人数处于一个合适的比率，招生人数不会出现大的偏差，制订了"入学考试基本方针 5 项"，确保了良好的教学

---

① 帝京大学官网[EB/OL]. https：//www. teikyo-u. ac. jp/university/certification.

效果。

在日本 18 岁以下人口减少的环境下，大学的持续运营成为最重要的课题，入学选拔也需要多样化。帝京大学经济学部入学许可政策在继续秉承与文凭政策和课程政策一致性的同时，继续探讨和分析入学考试选拔方式，以便使帝京大学接受更有潜质、更具国际视野的优秀学生。

表 5-37　帝京大学经济学部各专业本科生人数统计表①

| 学科 | 一年级 | | | 二年级 | | | 三年级 | | | 四年级 | | | 合计 | | |
|---|---|---|---|---|---|---|---|---|---|---|---|---|---|---|---|
| | 男 | 女 | 计 | 男 | 女 | 计 | 男 | 女 | 计 | 男 | 女 | 计 | 男 | 女 | 计 |
| 经济学学科 | 462人 | 67人 | 529人 | 500人 | 66人 | 566人 | 694人 | 107人 | 801人 | 730人 | 87人 | 817人 | 2 386人 | 327人 | 2 713人 |
| 国际经济学科 | 146人 | 41人 | 187人 | 155人 | 53人 | 208人 | | | | | | | 301人 | 94人 | 395 |
| 区域经济学科 | 86人 | 12人 | 98人 | 93人 | 15人 | 108人 | 63人 | 8人 | 71人 | 41人 | 7人 | 48人 | 283人 | 42人 | 325人 |
| 经营学科 | 417人 | 123人 | 540人 | 411人 | 153人 | 564人 | 476人 | 130人 | 606人 | 459人 | 106人 | 565人 | 1 763人 | 512人 | 2 275人 |
| 旅游管理学科 | 94人 | 72人 | 166人 | 99人 | 93人 | 192人 | 83人 | 69人 | 152人 | 77人 | 60人 | 137人 | 353人 | 294人 | 647人 |
| 合计 | 1 205人 | 315人 | 1 520人 | 1 258人 | 380人 | 1 638人 | 1 315人 | 309人 | 1 624人 | 1 305人 | 256人 | 1 561人 | 5 086人 | 1 269人 | 6 355人 |

### 3. 加强学生学习支援

学生事务部、学生支持中心和学生团队是帝京大学的学生支持部门。申请者本人在提交"健康管理联系表"等文件后，学校根据需要与本人、家长、教职员工进行联系与听证，并在合理便利的基础上提供支持与帮助。

特别是作为八王子校区，学校正在为听障学生提供支持，经济学部要求做笔记的志愿者(学生)协助他们上课，如有需要，或付费派遣一名手语翻译帮助他们。另外，学部和各系为这些需要帮助的学生提供弹性的办公时间，建立了学生可以不分年级、所属院系自由咨询的制度。通过让教职员工提前预约学生面见的特定时区，让被动的学生更容易咨询，并创造了一个学生可以随时咨询教职员工的环境。

### 4. 建立课程内外的社会和职业独立支持系统

为应对学生需求，帝京大学设有职业教育支援系统。经济学部的学生既可以到学校相关部门咨询就业信息，也可以到学部与教职员工商谈寻求职业帮助。此外，学校和经济学部还通过提供大量的职业教育课程和加强课程内

---

① 帝京大学官网[EB/OL]. https：//www. teikyo-u. ac. jp/university/certification.

的课外课程来支持每个学生的职业设计。

八王子校区从学生入学时起就提供循序渐进的职业发展支持，从一年级开始提供指导，并安排 52 门科目作为职业教育科目，为开始求职准备的三年级学生提供求职和职业道路的指导，以及"如何写简历/入职表""面试措施""商务礼仪"和"行业研究"。经济学部根据每个专业的特点提供详细的职业支持。①

5. 为学生提供各种奖学金制度

除了日本学生服务组织(JASSO)和地方私人奖学金外，帝京大学还有自己的奖学金制度。帝京大学为充满个性和学习能力优秀，却因健康、经济原因难以上学的学生、父母一方为帝京大学毕业或兄弟姐妹在帝京大学就读的学生还提供奖学金制度。还有"奖学金生"(二年后成绩优秀者继续申请)措施，对高考成绩优秀者，也可减免入学金和学费。该大学所有独特的奖学金制度都是福利制度。此外，在发生紧急灾害时，支持者协会为失去家园或突然改变家庭预算的学生和家长提供助学金。在 2016 年发生的"熊本地区地震"中，帝京大学提供慰问金援助，如果房屋被毁一半以上，则完全免除这笔学费。在 2018 年 7 月"大雨"的情况下，全免入学金和秋季学费减半，同年 9 月发生的"北海道东部伊武里地震"，全免入学金和秋季学费。②

6. 完整的课程体系

帝京大学的文凭政策是针对整个大学的院系和研究科所制订的。各个专业设定的教育目标，是针对学生的教育活动。它描述了要保证的最低基本素质，要培养的人力资源的形象，并从学生的角度定义了行动目标。帝京大学经济学部依据文凭政策建立了专业学分认证标准、晋升标准、毕业认证标准等。此外，教学大纲中还规定了所有课程科目的成绩评定方法和标准，并根据教学大纲的内容评定成绩。评价主要通过笔试、口试、实操、报告等方式进行。然后，在课程大纲的"班级成就目标"栏中，在文凭政策列出的学习成果中，描述了该科目需要获得的能力。

---

① 帝京大学官网[EB/OL]. https://www.teikyo-u.ac.jp/university/certification.
② 帝京大学官网[EB/OL]. https://www.teikyo-u.ac.jp/university/certification.

学生手册和课程指南中明确规定了成绩评价标准，每学期开始时的指导由教职员工详细解释，以确保传播彻底。此外，为了履行对社会的责任，还发布在网站上并广泛传播。

学生升学和毕业的判断在学部会议上进行，学校教职工委员会也会跟踪进行严格的升学和毕业判断。等级评价标准为 S 评价 90 分以上，A 评价 80 分，B 评价 70 分，C 评价 60 分，D 评价 60 分以下，60 分以上（S/A/B）。C 评估为通过。另外，在认证本大学在其他大学获得的学分时，评价为 N（accreditation）。经自评和考核认定经济学部的学生学分认定、晋升、毕业认定等标准制订合理、均按制度严格执行。①

关于课程与教学方法的判定。帝京大学为整个大学、院系、研究科各专业制订了大学课程政策。课程政策内容在学生手册和课程指南中有所描述，并在网站上公布和发布。大学的课程政策被认为是一种有组织地实施课程的政策，要保证与文凭政策的系统性和一致性。

为此，各个学部部及各个专业的课程都必须按照课程政策规定，组织成一致的学科组，以便学生可以系统地学习。这些学科组将每个专业创建的课程地图进行可视化处理，并张贴在学生手册、课程指南、主页等上，让学生了解它们。学生们根据这个课程图进行选课，以便学生可以系统地学习。

经济学部课程系统组织思路如下。让学生利用四年的学习时间，按照课程安排，采取从基础到应用的累积课程学习方式。必修课和选修课是大一和大二学生专业基础课。从三、四年级开始，设置一些更具专业性质的实践类课程。

经济学部以日本的实际经济为主题，安排来自商界和政府的教员以实践研究为重点的课程。它由直接揭示日本经济实际情况的实证分析和对其进行一般分析的理论分析组成，以便学生可以从经验和理论的角度研究日本的实际经济。

从 2018 年起，帝京大学制订了学生学习成果形象化的政策，并制订了评价成果的定性标准和具体实施方法。经济学部也制订了相关的考核方针，进

---

① 帝京大学官网［EB/OL］. https：//www.teikyo-u.ac.jp/university/certification.

行了自查评价，建立了考核评价办法，促进了教育的改进和改革。学习成果从"课堂问卷""学习行为调查"等调查结果中掌握。在此基础上，每位教职员工对负责的科目进行检查和评估，并制订改进措施。

### 7. 教师方面

关于教职员工的招聘和晋升，教务委员会根据各院系的教育目标和课程，并按照《教员招聘标准》和《教员晋升内部规定》的规定，制订计划、建立标准。按照既定的规定，学部认真考察教师人格、教学能力、教育科研成果、学术团体、社会活动成果等。

表 5-38　帝京大学经济学部教员人数一览①

| 学科 | 教授 | 副教授 | 讲师 | 助教 | 总计 | 助手 | 总计 | 兼职教师 |
|---|---|---|---|---|---|---|---|---|
| 经济学学科 | 19 人 | 8 人 | 5 人 | 0 人 | 32 人 | 0 人 | 32 人 | 5 人 |
| 国际经济学科 | 11 人 | 3 人 | 3 人 | 0 人 | 17 人 | 0 人 | 17 人 | 0 人 |
| 区域经济学科 | 9 人 | 2 人 | 3 人 | 1 人 | 15 人 | 0 人 | 15 人 | 5 人 |
| 经营学科 | 28 人 | 7 人 | 8 人 | 3 人 | 46 人 | 0 人 | 46 人 | 3 人 |
| 旅游管理学科 | 8 人 | 3 人 | 3 人 | 0 人 | 14 人 | 0 人 | 14 人 | 2 人 |
| 合计 | 75 人 | 23 人 | 22 人 | 4 人 | 124 人 | 0 人 | 124 人 | 15 人 |

### 8. 内部质量考核

根据大学的办学精神、办学理念和办学方针，帝京大学在以下机构和责任体系中推进内部质量保证，以体现办学目标。

大学建立了以帝京大学自检与自评委员会、教育和研究活动质量等为中心的自检、评估促进制度。经济学部为有效落实内部质量保证，建立常设组织体系，明确责任制，在所属每个专业展开自查与评估。

**小结**：综上所述，令和 2 年(2020 年)，帝京大学经济学部依照学校相关规定和考核的标准，对经济学部的人才培养目标、学生接收、课程体系设置、内部质量保证、学生学习支援以及师资配置等方面进行了严格的考核。

经济学部根据帝京大学的自评决议和学校建校精神，制订了以培养实学、

---

① 帝京大学官网[EB/OL]. https：// www. teikyo-u. ac. jp/university/certification.

国际性人才为目标的使命和目的，明确写入了学部的学规，并通过"学生手册""导游手册"、网站等向校内外适当宣传。在学生接收方面，学部根据学校相关文件制订了确实可行的文件政策，通过严格的入学考试选拔，确保接收到具有优秀品质的学生。学生招生定额与在籍学生数始终处于一个适当的比例。在课程与学习支持方面，为学生提供了一个完整的课程体系，建立课程内外社会与职业独立支持系统，明确了学业成绩与毕业考核标准。为学生提供各种形式的奖学金与助学金，鼓励学生勇于面对困难与挑战，特别是对困难家庭、身体障碍的学生提供减免学费的帮助。加强教师考核与评价，制定严格的考核与职称晋升标准，为教师科研提供经费资助和创造良好空间。

# 第六章 结 语

随着时代的变迁与社会的发展，世界百年未有之大变局的出现，国家陆续提出新文科概念及区域国别学建设，面对新时代，新的学科要求也为新的人才培养方式提出了新课题。在新文科背景及区域国别学视域下，人才如何更好地立足传统、立足时代，如何促进人才的技术能力、知识能力、跨学科能力以及国际视野，成为学者及教育工作者孜孜不倦的追求。研究发现日本高校招生越发注重学生分数之外的其他能力的考察。但无论如何改变，偏差值依然是日本高考的最具参考价值的一个要素。日本偏差值的教育发展受东亚科举文化圈的影响，具有高度选拔性、竞争性的性质，具有非常鲜明的时代烙印。每年日本大学都会发布各个专业对学生偏差值的要求，据此，本书从办学主体和偏差值两个维度入手，选取了东京大学、早稻田大学、九州大学、福冈大学、长崎大学、帝京大学共六所大学进行分类研究。

通过研究，梳理了不同类型日本高校本科经济学专业的人才培养目标，探究了培养目标与课程体系建构关系。通过对六所大学的考核与评价标准的研究，验证了培养目标的适切性，培养目标与学校的办学定位相适配。本书还厘清了培养目标与同期经济社会发展需求存在的紧密联系。

第二次世界大战之后，日本国内对高等教育需求增加。通过梳理日本高等教育发展的脉络，可以把高等教育的发展划分为三个时期来分析日本社会经济发展对人才培养目标的影响。

第一个时期(二战后至 1969 年)。二战后出台的一系列法律中，公认以 1947 年的《教育基本法》最为重要。战后日本教育发展的方向和目的在《教育基本法》中有明确规定。由于《教育基本法》的确立，战前的臣民教育也逐渐蜕变为国民教育。①

《大学设置基准》是日本文部省 1956 年提出的，其中规定大学课程应当按一般教育课程、外国语课程、保健体育课程和专门教育课程四大类进行设置。其中占比最大的是专门教育课程，强调经济类等专业人才的培养是本阶段的主要特征。

1960 年，日本又先后发布了《关于十年振兴科学技术基本方案的报告》《国民收入倍增计划》等一系列科技人才培育政策。② 制定并实施了放宽私立学校设置条件、促进高等教育扩招等措施，日本国内大学、短期大学的数量因而迅速增加。在 1960 至 1970 年间，日本大学数量从 525 所增加至 921 所，其中短期大学从 280 所增加至 479 所。③④ 这段时期确定以增加国民收入发展为目标，每个国民都需要懂得市场经济的规律，经济学专业人才的培养成为重中之重。只有懂得市场规律的人才才能推动日本经济的持续发展。

东京大学经济学部人才培养目标依据学校理念定位为：旨在培养具有超越理论、统计、政策、历史等范畴的广泛综合知识，具有国际竞争力、交际能力与企业管理能力的人力资源。据此，东京大学经济学部为日本和全球社会与经济发展培养了大批经济界精英和商界翘楚。

日本的长崎大学经济学部以"培养实用经济学家"为教育理念。根据这一教育理念，长崎大学经济学部开发了涵盖知识获取和利用的课程。教师团队拥有来自学术界、商界和政府的前所未有的多样性。此外，还与其他国家的企业主、政府官员和大学建立了密切的合作关系，成果体现为"商业实践能力发展计划"和"国际商务计划"。⑤

第二个时期(1970 年至 2000 年)，第二个时期为 1970 年日本经济高度成长期，到 2000 年间，高等教育机构的需求大增，政府也积极地配合社会和产

① 林晓霞. 关于日本高等教育质量保证机制改革的初步研究[D]. 福建师范大学，2003.

② 胡建华. 百年回顾：20 世纪的日本高等教育[J]. 南京大学学报(哲学. 人文科学. 社会科学版)，2001(4)：153-160.

③ 张珏. 日本：教育对日本现代化起了主要作用[J]. 教育发展研究，2003(2)：9-14.

④ 日本文部科学省[EB/OL]. https：//www. mext. go. jp/.

⑤ 长崎大学官网[EB/OL]. https：//www. nagasaki-u. ac. jp/.

业急速的发展所需，积极地进行大学改革。

文部科学省于 1991 年 7 月修订了《大学设置基准》，对大学的课程设置、毕业条件、教学方法等规定进行了修改。聚焦于自我评价、课程设置、学科结构、内部组织等方面，各大学革故鼎新，[①] 特别是国立大学探索了多种新举措。允许大学自行设置课程以满足现代化的多样需求。在权力下放之余，也要建立完善的大学自我评价制度，来保证教学质量。从此，日本的高等教育的重心由规模建设进入更重视质量的时代。

《关于 21 世纪的大学与今后的改革方策——在竞争的环境之中个性闪耀的大学》是 1998 年大学审议会的咨询报告书，它所指的大学改革方针，强调大学的发展机制，将透过竞争、评价、个性(特色)与强调科学技术的立国，也就是将"竞争原理"全面彻底的导入。同时将"知识体系企业化"，以是否有"市场价值高的知识、技术"学部为优先发展的原则[②]。大学课程体系也顺应时代和企业发展发生了的变化。

日本的帝京大学经济学部为了让学生了解经济活动的现场，满足企业要求，开设以培养高质量的学生为目标的"职业・挑战・程序(ECCP)"课程，重点强化语言、逻辑思考力、演讲能力等基础能力。

第三个时期(2001 年至今)。这一时期建立适应全球化、信息化，具有"国际竞争力"的人才培养体制。

近年来，日本高等教育革新也以"竞争能力""人才培育竞争能力"为核心，思考未来的发展方向。整体教育发展受到"国际化"与"少子化"压力的影响。日本的高等教育政策，不仅在制度上做了根本的变革，在教育行政管理上，从以往均等、保护主义转向为自由竞争、重点主义的体制，做了大幅度的转变。在教育目标与课程设计上强调卓越、特色，企图摆脱单调、僵硬的模式，积极朝向国际化、信息化迈进。

日本的早稻田大学政治经济学部 2010 年 9 月设立了英语学位课程(EDP)，旨在培养在国际社会中发挥积极作用的人才。这是一个提供世界一

---

① 周宏. 教育新理念[M]. 第 2 卷. 中央民族大学出版社，2008.

② 日本評論社[EB/OL]. https：//www. nippyo. co. jp/.

流的高质量英语课程的计划，可以通过英语课程获得学位。

2010 年以后日本高等教育发展趋势，整体上来说，最大的改变在于积极摆脱以往的变革思维。高等教育以"生存能力""人才培育""区域贡献""产学结合"、"强化教育"为政策思维核心，转向发展卓越和特色高等教育。并结合生涯学习与国际教育方向以及产业发展为重点，强调卓越和特色以及产官学合作。近年来，更强调国际化、研究能力的强化，企图发展出真正的世界级大学。高等教育机构开设了使用英语学习的国际学位学程（Future Global Leadership Program）和扩充交换留学的方案、实施暑期课程，对于优秀外国人留学生提供总长（校长）特别奖金制度，充实留学生的支援、进行制度、环境的建构，培育符合世界级一流大学品质教育指导的人才的机构。[①]

如九州大学经济学部于 2018 年启动了"经济学院全球文凭课程（GProE）"，作为旨在开发全球人力资源的教育计划；福冈大学经济学部正在推动"区域性"和"国际性"的共存的教育理念，培养具有全球视野的、支持当地社区的人才。为了培养学生能掌握应对全球化的能力，除了设置共同教育科目以外，作为专门教育科目，还设置了"经济学联合课程"和"海外研究者特别讲义"等。[②] 其目标是培养与全球化相适应的国际化优秀人才。

帝京大学经济学部旨在培养能为解决当今经济和管理面临的复杂问题做出贡献的人力资源。由在学术界、政府机关、企业等具有丰富实践经验的教授们通向现实世界的彻底实践（实学）教育。其课程特色是：在实践研讨课（演习课）中培养创造力和领导力；设置企业出身教师的实践教育课程（在经验丰富的教职员工的指导下培养丰富的思维习惯和竞争意识）；开设职业规划课程（从第一年开始的职业规划。在 300 家公司和组织实习）；实施特殊教育计划（实施经济学院独有的职业计划和 5 年本科和硕士学位的综合计划）。[③]

平成 29 年（2017 年）3 月 6 日日本文部大臣松野博一在文部科学省官网上发表了《关于我国高等教育的未来构想》的审议报告，报告中提到[④]：日本社

---

① 日本文部科学省官网. [EB/OL]. https：//www. mext. go. jp/.

② 九州大学官网. [EB/OL]. https：//www. kyushu-u. ac. jp/en/.

③ 帝京大学官网. [EB/OL]. https：//www. teikyo-u. ac. jp/.

④ 我が国の高等教育に関する将来構想について（諮問）[EB/OL]. 日本文部科学省官网. https：//www. mext. go. jp/b_ menu/shingi/chukyo/chukyo0/toushin/1383080. htm.

会的各个方面，正在以前所未有的速度发生着重大变化。例如，有人指出，利用物联网、大数据、人工智能等技术的"第四次工业革命"可能会改变现有的产业结构、就业结构甚至人们的生活。

从日本高等教育的主要学生 18 岁人口的变化来看，18 岁人口数量从 2005 年的约 137 万人下降到 2016 年的约 119 万人。预计 2030 年 18 岁人口将减少到 100 万左右，2040 年将达到 80 万左右，约占目前人口的三分之二。

在这种的社会经济变化、全球化的飞速发展及全面人口减少社会的到来的过程中，为实现每个人的丰富生活以及日本社会和人类社会的可持续增长与和谐发展。作为人力资源开发和智力创造活动核心的高等教育机构，需要发挥更加重要的作用。

尤其，在未来的人力资源开发中，不仅要培养获取新知识和技能的能力，还要培养实践和应用所学知识和技能的能力，更重要的是自我发现和解决问题的能力。通过这种方式，培养能独立自主地思考，在与其他各方合作的同时，创造新的商品和服务。必须培养为社会创造新的价值，能创造更富裕社会生活的人力资源。

为此，高等教育机构要真正发挥其应有的作用，就必须强化各机构的作用和职能，进一步提高教育研究质量。另外，在人口减少的社会中，为了使每个人都具备应对变化的能力，发挥更大的作用，谋求确保接受高等教育的机会也很重要。有必要思考可通过财政支持措施来解决。

如上所述，日本 2016 年的 18 岁人口较 2005 年有明显下降。同时，高等学校整体数量和在校学生人数有所减少，而四年制大学数量从 726 所增加到 777 所，在校学生人数也从约 60.4 万人增加到约 61.8 万人。此外，2014 年日本大学学士课程的入学率为 49%，评估低于经合组织（OECD）59% 的平均水平。与此相反，包括职业学校在内的所有高等教育机构的入学率为 80%，高于经合组织（OECD）68% 的平均水平。

此外，在日本，国际学生和成人学生的比例低于其他经合组织（OECD）国家。由于地区不同，高等教育机构的录取率和录取能力（某地区高中毕业生升入高等教育机构人数与该地区高等教育机构招生人数的比率）也不一样。在少子化的形势下，地方私立大学的经营状况越来越严峻，各地高等教育所处的状况也各不相同。因此，有必要从中长期观点出发，着眼于 2040 年左右的社会，必须对高等教育的未来构想，如高等教育的理想目标以及为实现这一目标而进行的制度修订的方向性等进行审议和讨论。

为实现真正立足于各教育机构使命和社会需求的高等教育，在考虑今后高等教育整体规模的同时，要促进现有学部、学科等的构成和教育课程的修改的方案。为确保地区高质量的高等教育机会，有必要从根本上探讨结构改革的存在方式，如高等教育机构之间，以及高等教育机构与地方自治团体、产业界之间加强合作的方案等。在充分考虑各领域、各产业人才培养需求状况的同时，要思考国立、公立和私立机构的角色划分，以及超出国立、公立和私立机构框架的合作和整合的可能性问题。①

纵观日本高等教育历史的发展，我们发现战后至今日本高校经济人才的培养目标是随着日本的经济社会的发展变化随时调整的以符合社会与市场的需求。由于国际形势不断变化，日本高校本科经济学专业人才培养在培养目标、课程设置、评价标准等方面也随之发生调整和改变。研究型大学和普通型大学立足于全球化人才目标培养的同时，也强调学生专业实用性学习。应用型大学主要扎根于区域性人才培养，促进地方经济发展，但同时表明学生也需要具备国际视野。

由于笔者水平有限，还有许多研究不足。首先，因为资料收集繁杂众多，且多为日文第一手资料，在资料收集或翻译过程中难免有遗漏或错误之处，且很难做到全面具体，还有待继续研究和深入。由于文献资料的限制，本研究尚未对日本高校本科经济专业招生做详细研究，其招生路径和选拔体制作为整个人才培养体系中的重要一环是不可忽视的，针对这一空白点的系统研究也是笔者今后努力的方向。

---

① 我が国の高等教育に関する将来構想について(諮問)日本文部科学省官网. ［EB/OL］. https：//www. mext. go. jp/b_ menu/shingi/chukyo/chukyo0/toushin/1383080. htm.

# 参考文献

## 1. 中文著作

[1] 白永秀. 后改革时代经济学创新人才培养的理论研究与实践探索[M]. 北京：中国经济出版社，2012.

[2] 袁志刚. 应用经济学高层次国际化人才培养模式研究[M]. 上海：复旦大学出版社，2007.

[3] 任保平. 经济专业教学改革与创新人才培养研究[M]. 西安：西北大学出版社，2017.

[4] 周加来. 经济专业人才培养模式与教学改革创新研究[M]. 北京：经济管理出版社，2013.

[5] 卢现祥. 经济专业特色建设与复合型人才培养研究[M]. 武汉：湖北人民出版社，2011.

[6] 孙铮. 财经类创新人才培养模式改革 教学案例集[M]. 上海：上海财经大学出版社，2015.

[7] 程静. 高校人才培养模式多样化：诠释与对应[M]. 北京：北京工业大学出版社，2003.

[8] 王关义. 行业特色类高校人才培养模式改革与探索[M]. 北京：中国财政经济出版社，2016.

[9] 毛晨蕾. 应用型高校校企合作PRAMS人才培养模式研究与实践[M]. 成都：四川大学出版社，2014.

[10] 刘红霞. 高校会计专业人才培养模式创新与实现路径研究[M]. 北京：中国财政经济出版社，2016.

［11］刘江栋. 构建应用型本科人才培养模式 地方本科高校转型发展之路［M］. 天津：南开大学出版社，2016.

［12］上海海事大学高等技术学院，上海港湾学校. 教育改革与人才培养［M］. 上海：华东理工大学出版社，2014.

［13］刘国钦. 高校应用型人才培养的理论与实践［M］. 北京：人民出版社，2007.

［14］郑吉昌. 高级应用型人才培养模式探索［M］. 杭州：浙江大学出版社，2007.

## 2. 中文论文

［1］刘献君，吴洪富. 人才培养模式改革的内涵、制约与出路［J］. 中国高等教育，2009（12）：10-13.

［2］陈小虎，刘化君，曲华昌. 应用型人才培养模式及其定位研究［J］. 中国大学教学，2004（5）：58-60.

［3］董泽芳. 高校人才培养模式的概念界定与要素解析［J］. 大学教育科学，2012（3）30-36.

［4］鲍洁，梁燕. 应用性本科教育人才培养模式的探索与研究［J］. 中国高教研究，2008（5）：47-50.

［5］张乃丽. 战前日本的经济成长路径研究——跳出贫困陷阱的另类模式初探［J］. 广东外语外贸大学学报，2012，23（2）：12-15.

［6］徐瑾，丁振辉，刘磊. 中日韩经济发展阶段比较［J］. 经济问题探索，2012（8）：172-179.

［7］王伟廉. 人才培养模式：教育质量的首要问题［J］. 中国高等教育，2009（8）：24-26.

［8］曾冬梅，黄国勋. 人才培养模式改革的动因、层次与涵义［J］. 高等工程教育研究，2003（1）：21-24.

［9］关仲和. 关于应用型人才培养模式的思考［J］. 中国大学教学，2010（6）：7-11.

［10］李桂霞，钟建珍，王立虹. 构建应用型人才培养模式的探索［J］. 教育与职业，2005（20）：4-6.

［11］钟秉林. 人才培养模式改革是高等学校内涵建设的核心［J］. 高等教育研究，2013（11）：71-76.

［12］王艳. 中日经济学类人才培养模式的比较研究［J］. 现代日本经济，2005（2）：57-60.

［13］刘紫婷. 高职院校工学结合人才培养模式的实践与探讨［J］. 中国高教研究，2007（8）：48-49.

[14] 刘辉煌，李峰峰. 经济专业人才培养模式及课程体系设置的国际比较研究[J]. 高等教育研究，2005，28(2)：12-15.

[15] 王勇，窦佳丽. 基于应用型经济专业人才培养模式探析[J]. 安徽科技学院学报，2009，23(3)：42-44.

[16] 丁浩. 经济专业人才培养模式改革探讨[J]. 市场周刊：理论研究，2008(10)：134-136.

[17] 周远成，周纯，江明月. 当代大学本科经济类专业人才培养模式研究[J]. 衡阳师范学院学报，2010，31(1)：129-137.

[18] 范远江，邓晓霞. 地方高校应用型经济专业人才培养模式研究[J]. 中国成人教育，2012(2)：157-158.

[19] 沙景华，汪安佑. 我校经济专业人才培养模式与特色的研究[J]. 中国地质教育，2004(3)：41-43.

[20] 杨霞，彭芳春. 工科院校经济类专业人才培养模式研究[J]. 湖北经济学院学报(人文社会科学版)，2010，07(3)：68-70.

[21] 李刚. 经济专业人才培养模式研究[J]. 郑州师范教育，2014(4).

[22] 刘辉煌，李峰峰. 经济类专业人才培养目标的内涵及其层次定位[J]. 印度洋经济体研究，2005，20(1)：120-122.

[23] 李雯. 经济专业人才培养模式创新改革刍议[J]. 经济研究导刊，2011(18)：256-256.

[24] 米娟. 地方高校经济类专业人才培养方案的改革与优化——以沈阳大学为例[J]. 沈阳大学学报(社会科学版)，2011，13(3)：44-47.

[25] 李舟. 经济专业人才培养模式的探讨[J]. 广西科技大学学报，2005(s2)：60-63.

[26] 韩宏华. 适应市场需求的经济专业人才培养路径研究[J]. 中国电力教育，2013(4)：35-36.

[27] 何光明. 高职院校经济类专业人才培养模式的创新[J]. 教育与职业，2011(35)：121-122.

[28] 薛选登，张一方. 教育大众化背景下经济专业个性化人才培养体系优化[J]. 科教导刊(上旬刊)，2017(2)：46-47.

[29] 杨红霞，肖韬. 经济专业创业人才培养教育模式探索[J]. 经济研究导刊，2014(19)：73-74.

[30] 周银红，戴晓梅，段玲波. 高校经济类专业人才培养实践教学改革探讨[J]. 云南财

经大学学报(社会科学版)，2010，25(3)：136-138.

[31] 高越. 国外经济学教育的特点及启示[J]. 青年与社会：中外教育研究，2012(2)：8 -10.

[32] 杨艳芳，高书丽. 国外经济学教学模式分析及启示[J]. 科教文汇(中旬刊)，2012 (12)：43-44.

[33] 裴小革. 当代国外经济学家剩余价值理论评述[J]. 经济研究，2001(9)：71-78.

[34] 胡代光.《国外经济学与当代中国经济丛书》简评[J]. 经济学动态，2003(9)：95-95.

[35] 方阳娥. 国外经济学教学中的合作学习法和经验学习法[J]. 行政科学论坛，2008，22(4)：129- 131.

[36] 孙静，柯美录，王红等. 国外经济学本科生培养模式研究及其对我国高等教育的启 发——以劳动经济专业为例[J]. 湖北经济学院学报(人文社会科学版)，2010，07 (11)：168-169.

[37] 刘汉宾. 国外经济学教育的特点及启示[J]. 数字化用户，2013，19(12).

[38] 包玉香，焦倩. 经济学教学方法的国内外差异研究[J]. 全国商情·理论研究，2012 (19)：74-75.

[39] 山冈道男，浅野忠克，阿部信太郎等. 日本经济专业本科教育：现状与问题[J]. 北 京城市学院学报，2011(2)：27-39.

[40] 尹秀艳. 日本经济学教育研究的现状——介绍日本"经济学教育学会"[J]. 北京城市 学院学报，2001(2)：19-22.

[41] 邹有恒. 战后日本经济学工作者对经济高速发展的贡献[J]. 世界经济，1980(5)：33 -41.

[42] 王洛林，余永定，李薇. 20 世纪 90 年代的日本经济[J]. 世界经济，2001(10)：3 -16.


3. 日文著作

[1]山冈 道男. 日本における経済教育のあゆみ[M]. 経済教育研究会，2006.

[2]日本教育大学協会.「教育支援人材」育成ハンドブック[M]. 書肆クラルテ，朱鷺書 房，2010.

[3]土山 希美枝，大矢 野修. 地域公共政策をになう人材育成：その現状と模索[M]. 日 本評論社，2008.

[4]日本経済調査協議会. 理工系大学教育の抜本的充実に向けて：創造的人材育成強化の

ために[M].日本経済調査協議会，1995(6).

[5]星川順一.入門経済政策：日本経済の再生を求めて[M].大阪経済法科大学出版部，2003.

[6]ヨゼフ・ロゲンドルフ.激動する社会と大学[M].南窓社，1973.

[7]中央大学経済研究所経済政策研究部会.経済成長と経済政策[M].中央大学出版部，2016.

[8]上野 直蔵，駒井 四郎.教育白書と私立大学の立場：新しい教育理念は新しい皮袋に[M].正栄出版，1965.

[9]テクノフォーラム.大学における経済学教育とそのカリキュラム[M].テクノフォーラム，199.

[10]水野 英雄.『高等学校における総合学習の中での「社会・経済」学習のカリキュラム開発と実践に関する研究』報告書[M].愛知教育大学，2004(3).

[11]東大カリキュラム研究会.日本カリキュラムの検討[M].明治図書出版，1950.

[12]東京学芸大学カリキュラム[M].東京学芸大学，1952.

[13]統計研究会就職問題研究委員会.大学卒業生の就職に関する経済的考察[M].民主教育協会，1958.

[14]小方 直幸.大学から社会へ：人材育成と知の還元[M].玉川大学出版部，2011.

[15]中西聡.経済社会の歴史：生活からの経済史入門[M].名古屋：名古屋大学出版会，2017.

[16]中村 隆英.日本経済の進路[M].東京大学出版会，1975.

[17]名古屋経済大学自己点検評価委員会.名古屋経済大学の現状と課題[M].名古屋経済大学，1997.

[18]九州大学大学院経済学研究院政策評価研究会.政策分析[M].九州大学出版会，2001.

### 4. 日文论文及报告

[1]古閑 博美.ビジネス教育への一考察：嘉悦大学ビジネス創造学部の学生の海外研修引率から見えてきたこと[J].嘉悦大学研究論集，2015(3).

[2]松高 政.地域連携組織におけるインターンシップに関する実証的研究[J].京都産業大学総合学術研究所所報，2018(7).

[3]小井川 広志，藤岡 里圭，飴野 仁子.日本企業の海外展開とグローバル人材育成の

課題と展望[J]. 關西大學商學論集, 2017(9).

[4] 藤田 公仁子. 地域における教育学習活動と大学の役割[J]. 富山大学地域連携推進機構生涯学習部門年報, 2017(9).

[5] 国立大学法人秋田大学 特色ある学部を創設、産学連携、人材育成等で秋田の知の核に(特集 地方を元気にする大学の挑戦)-(社会貢献のニーズに応える), 商工ジャーナル, 2017(5).

[6] 渡辺 富夫. 地域で学び地域で未来を拓く'生き活きおかやま'人材育成事業 文部科学省「地(知)の拠点大学による地方創生推進事業(COC+)」について[J]. 東瀬戸内をつなぐ経済情報誌, 2017(2).

[7] 鈴木 敦史. 高度経済成長期における人材育成論と道徳論:「期待される人間像」成立過程の検討を中心に[J]. びわこ学院大学・びわこ学院大学短期大学部研究紀要, 2017.

[8] 高田 仁. 産学連携支援人材の育成プログラム変遷にみる 我が国の産学連携の質的変化に関する考察[J]. 産学連携学, 2017.

[9] 吉長 重樹. ASEAN 進出企業調査に基づくグローバル化と人材育成に関する考察[J]. ふくい地域経済研究, 2016(8).

[10] 若林 忠彦. 人材育成活動 本学に見る就職状況と 2016 年度の経済及び採用の見通し[J]. 滋賀大学社会連携研究センター報, 2016(5).

[11] 福嶋 美佐子. 外国人高度人材受け入れの現状と政策的課題:探索的調査研究[J]. 公共政策志林, 2016(3).

[12] 河村 正美. ザイン教育の特性と可能性を最大化:地域協創プロジェクトによる長岡造形大学の人材育成 (特集 教育 次世代の担い手) [J]. 北海道東北地域経済総合研究所機関誌, 2016.

[13] 成瀬 延康. 情報通信技術を駆使する科学研究人材育成プログラム(高校生向け)の開発と実践:北海道大学 (特集 教育 次世代の担い手) [J]. 北海道東北地域経済総合研究所機関誌, 2016.

[14] 天野 徹. ビッグデータ時代における統計学教育のポイント:情報の定量的評価とリスク管理のセンスを持つ文理融合型人材育成のために[J]. コンピュータ&エデュケーション, 2016.

[15] 千葉 美保子. 主体的な学びを促進するための学習支援構築に向けて:学生へのヒアリング調査から[J]. 高等教育フォーラム, 2016.

［16］松本 浩司. 本学経済学部教育の魅力を高める―教授・学習開発論から考える経済
学教育―［J］. 名古屋学院大学論集（社会科学篇），2012（3）.

［17］高橋 平徳. 現場における学習研究の現状と課題［J］. 經濟學研究，2015（10）.

［18］特集 大学の地域貢献度ランキング（上）「地方創生」人材育成へ産官学が連携強化
［J］. 日経グローカル，2015（12）.

［19］伊藤 俊治. 基調講演 ホスピタリティ産業の可能性（特集 宇都宮共和大学シティラ
イフ学シンポジウム：栃木県におけるホスピタリティ産業の発展に向けて 観光の
未来と人材育成）［J］. 宇都宮共和大学都市経済研究年報，2015（11）.

［20］和田 義人. 福祉分野のマネージメントを担う人材育成の課題：超高齢未来の課題
解決に向けた大学における人材育成（<特集>福祉と介護）［J］. CUC view & vision
40，15-20，2015（9）.

［21］橋本 健広，中原 功一朗，中村 友紀，原田 祐貨. 経済学部の英語教育の検証と改
善：2014 年度 2 年次補習プログラム［J］. 関東学院大学経済学会研究論集，2015
（7）.

［22］児玉 俊介，上村 一樹，佐藤 崇. 経済学基礎教育における学修支援としてのeラー
ニング利用と教育効果（人材育成のための授業紹介：経済学）［J］. 教育と情報，
2015 年度（1），2015（6）.

［23］横田 宏信. 場力向上「出る杭」を育てる時代：元ソニーの異端児が語る人材育成論（第4
回）価値観や論理とは何かを問い、思考力を鍛錬［J］. 日経ものづくり，2015（5）.

［24］大角 玉樹，Osumi Tamaki. 産学連携教育の新展開：レジリエンスを高める起業家教
育プログラム（上江洲由正教授退職記念号）［J］. 琉球大学経済研究（89），2015
（3）.

［25］宇都宮共和大学シティライフ学シンポジウム（2015 年6月5日）テーマ：「栃木県に
おけるホスピタリティ産業の発展に向けて―観光の未来と人材育成―［J］. 宇都宮
共和大学 都市経済研究年報，2015.

［26］ラナウィーラゲ エランガ（Eranga Ranaweerage），菊地 俊夫. 大学の国際交流におけ
る日本地誌の教育プログラムの意義と重要性：首都大学東京における AIMS プロ
グラムを事例にして［J］. 地理要旨集，2015.

［27］董 芸，神田 拓磨，関口 敦仁. スケーラブル社会システム構築におけるデザインモ
デル：デザインシンキング的システム構築プロセスのデザインモデルについて
［J］. 日本デザイン学会研究発表大会概要集，2015.

[28] 宮本 岩男. 特別講演「理工系人材育成に係る課題の現状分析について」[J]. 工学教育，2015.

[29] 平井 みどり. 多職種連携教育について~神戸大学の場合[J]. 医学教育，2014.

[30] 角谷 昌則. グローバル人材育成論の教育思想の探求：3 種類の分析概念による検討を通じて[J]. 広島国際大学心理学部紀要，2015.

[31] 観光経営論 B ゼミナール. 観光施設の戦略と人材育成：別府地域を事例に[J]. 経済論集，2015.

[32] 白川 雄三，金崎 暁子，高田 裕文. 異なる授業形態でのルーブリック活用における相違点（学習評価，一般研究，教育情報と人材育成~未来を育む子供たちのために~）[J]. 年会論文集，2015.

[33] 阿江 通良. 世界に羽ばたく人づくり 筑波大学におけるグローバル人材育成を目指した取り組み[J]. 経団連，2014(12).

[34] 郡司 正人. 14 年版労働経済白書を読む グローバル競争に勝ち残る人材育成を提言「働く意欲」は高まるのか[J]. 月刊労働組合，2014(11).

[35] 勝 悦子. 世界に羽ばたく人づくり 明治大学における国際化戦略 MEIJI8000 とグローバル人材育成[J]. 経団連，2014(10).

[36] 横山 俊一. 大学における地域人材育成の取り組みと今後の課題[J]地理要旨集，2017.

[37] 一山 稔之. 経済学のために必要となる基礎数学（科学の言葉としての数学，課題研究発表，学びの原点への回帰——イノベーティブ人材育成のための科学教育研究——）[J]. 年会論文集，2014(9).

[38] 中原 淳，本間 浩輔，古賀 寛明. イノベーションは地方から生まれる 対談 社会課題解決×人材育成＝未来をつくる 中原淳 東京大学大学総合教育研究センター准教授×本間浩輔 ヤフー執行役員ピープル・ディベロップメント統括本部長（特集 地方から変える日本の未来）[J]. 経済界，2014(08).

[39] 渡辺 芳人，今井 千晴. 世界に羽ばたく人づくり 名古屋大学における（産学連携による）グローバル人材育成，経団連，2014(6).

[40] 伊藤 則之，久保 大支，丹羽 啓一. 人材育成モデルに対応した履修計画作成支援アプリの開発と適用[J]. 広島経済大学研究論集，2014(3).

[41] 孔 麗. 北海道の社会経済を支える人材育成に向けた北海学園大学の役割：本学出身道内社長へのアンケート調査からの接近[J]. 開発論集，2014(3).

［42］松尾 泰，清水 克久. 大学の挑戦(第 14 回)北海道情報大学"産・学・研"連携で、実践的スキルの高い人材育成を目指します[J]. 経済界，2013(3).

［43］土井 康作. 鳥取の地域社会と人材育成：ものづくり道場の実践から(地域社会・経済と人材育成，シンポジウム，日本産業教育学会第 53 回大会報告)［J］. 産業教育学研究，2013.

［44］寺田 盛紀.「地域社会・経済と人材育成」の報告(地域社会・経済と人材育成，シンポジウム，日本産業教育学会第 53 回大会報告)［J］. 産業教育学研究，2013.

［45］木下 幸雄. 大学による農業人材育成の意義と教育ニーズ[J]. 農村経済研究，2012(8).

［46］現場の人材育成の状況(産業能率大学)「指導する時間と人材が不足している」72%［J］. 労働と経済，2012(4).

［47］紀國 洋，谷垣 和則. 経済学部の学位授与方針とその課題：卒業時の質保証を中心に(特集立命館の学位授与方針)［J］. 立命館高等教育研究，2012(3).

［48］グローバル水準の研究・教育 実現に向けた挑戦(第 5 回・最終回)伝統と地域の特性という強みを活かした人材育成：名古屋大学［J］. 経済 trend 60(2)，2012(2).

［49］関 日路美，伴辺 博亮，久保田 旭. 経済産業省の人材育成施策について[J]. 工学教育，2011(09).

［50］兼本 雅章. 仮想企業プログラムによる地域と連携した実践型人材育成[J]. 経済教育，2011.

［51］文承来，金振荣. 韓米日の学校経済教育の比較[J]. 経済教育，2010.

［52］金子 浩一. 商業科高校科目「ビジネス基礎」の大学経済教育での活用[J]. 経済教育，2010.

［53］奥田 修一郎.「習得」「活用」「探求」をすすめる経済教育の実践研究[J]. 経済教育，2010.

［54］伊藤 薫. 経済教育を通じた書く能力の向上―選択科目「現代経済」における課題レポートの活用―[J]. 経済教育，2010.

［55］碓井 敏正. 格差社会における労働と教育を考える―社会関係性の視点から―[J]. 経済教育，2011.

［56］杉浦 真理. 高校生の可能性を引き出し「経済と暮らしをつなぐ授業」を考慮して[J]. 経済教育，2011.

［57］河原 和之. 学習者の視点での経済学習―教室に議論の文化を―[J]. 経済教

育，2011.

[58] 村田 和博. 学生の就職基礎能力向上のための取り組みー埼玉学園大学経営学部「大学教育・学生支援推進事業」についてー[J]. 経済教育，2011.

[59] 水野 英雄. 教員養成系学部における「経済教育スタンダード」[J]. 経済教育，2011.

[60] 濱地 秀行. 経済教育に携わる人材の育成[J]. 経済教育，2011.

[61] 清水 卓. 経済学部 教育改革への挑戦[J]. 駒沢大学経済学論集，1999(12).

[62] 加納 正雄. 効率と公正を学ぶための経済教育ー制度と政策の評価ー[J]. 経済教育，2011.

[63] 水野 勝之，福岡 秀典. 広域連携における経済教育の課題克服のための工夫[J]. 経済教育，2011.

[64] 岩田 年浩，水野英雄. 教員養成糸ではどのような経済の授業が行われているのかー教員養成糸学部への調査結果からー[J]. 経済教育，2011.

[65] 裴光雄. 教員養成における経済教育の危機[J]. 経済教育，2011.

[66] 龍世祥，新理 泰孝，杜安寧. 環境経済学教育の動向ーテキストの中日比較[J]. 経済教育，2011.

[67] 尹秀艶，林洁梅，陈怡. 大学生の経済リテラシーの中日比較ーミクロ経済学の概念と理論に関して[J]. 経済教育，2011.

[68] 加納 正雄.「生きる力」を育む経済教育の在り方についてー大学以前の経済教育との関連でー[J]. 経済教育，2012.

[69] 大仓 泰裕. 新学習指導要領と経済教育[J]. 経済教育，2012.

[70] 長谷川 義和. 地域を知り、地域に出ることと経済学教育[J]. 経済教育，2012.

[71] 新井 明. 生きる力を育む経済教育をすすめるには[J]. 経済教育，2012.

[72] 系井 重夫. キャリア教育をベースとした経済教育の展開[J]. 経済教育，2012.

[73] 岩田年浩，水野英雄. 学校における経済教育の推進と先生に必要な経済的知識ー「教員養成における経済教育の課題と展望」の発行[J]. 経済教育，2012.

[74] 斎藤 清. データで見る東日本大震災の経済教育の実践[J]. 経済教育，2012.

[75] 猪瀬 武則，高橋 桂子，山根 荣次，栗原 久. 経済学を学べば金融教育論理は低下するかー教育学部と経済学部学生の金融教育論理調査比較[J]. 経済教育，2012.

[76] 宇佐見 義尚. 経済教育の新しい地平を求めて[J]. 経済教育，2013.

[77] 饭田 泰之. 経済学が伝えられること、伝えるべきこと[J]. 経済教育，2013.

[78] 八木 纪一郎.「よく生きる」「よく働く」ための経済教育[J]. 経済教育，2013.

［79］藤岡 惇. 自己と社会の進路を拓く力は何か，経済学習の醍醐味をどう伝えるか―本学会での模索と私の実践の歩みから考える［J］. 経済教育，2013.

［80］长谷川 伸. 初年次教育科目. 多人数授業「経済入門」における学生参画型貿易ゲーム［J］. 経済教育，2010.

［81］樋口 雅夫. 社会的な見方や考え方を成長させる経済学習［J］. 経済教育，2013.

［82］糸井重夫. マクロ経済学に内在するキャリア教育的側面の一考察［J］. 経済教育，2013.

［83］フィリピン・スタディツアーと経済教育［J］. 経済教育，2013.

［84］新井明. 教科書と経済教育―1960 年代の高校教科書の分析から―［J］. 経済教育，2013.

［85］経済政策としての経済教育の展開(I)―諸外国における政策との比較から―［J］. 経済教育，2013.

［86］河原 和之. 中学生が経済を学ぶことの意味［J］. 経済教育，2014.

［87］柴田 透. 金融危機と経済学教科書［J］. 経済教育，2014.

［88］木村 雄一. 経済学入門としての経済学史［J］. 経済教育，2014.

［89］畔津 憲司. 北九州市立大学経済学部 2012 年度卒業生の卒業後進路及び就職活動実態等に関する調査報告［J］. 北九州市立大学「商経論集」，2013(12).

［90］園 田正. 名古屋大学経済学部における経済学の専門教育としての意義［J］. 名古屋高等教育研究，2017.

［91］林良平. オンライン経済実験教材の開発［J］. 行為経済学，2016.

［92］森林美咲，大槻 明. 日本大学経済学部卒業生 DB［J］. 情報知識学会誌，2018.

［93］内田 盛也. 強靱な日本経済の再建と人材育成 一国家戦略としての科学技術基本政策一［J］.「繊維科学技術の振興と人材育成」特集，1997.

［94］真 殿 誠 志. 授業評価の計量分析―専修大学経済学部 29 年度専門科目授業評価調査結果を事例として―［J］.《研究ノート》，2018.

［95］菊地進. プロジェクト研究報告「経済学部における情報リテラシー教育の向上と継承に関する研究」［J］. 立教大学経済研究所年報，2015(6).

［96］澤間香寿実，本庄麻美子，佐 藤 史人. 大学生の進路選択・決定に向けての職業興味の実態調査研究-和歌山大学経済学部においての VPI 職業興味検査の実施結果から-［J］. 和歌山大学教育学部紀要，2017.

［97］前中 ひろみ. グローバル・リーダー 人材育成をめざて(国際教養大学の取り組み)

［J］. リメディアル教育研究, 2014.

［98］佐藤 拓朗, 中西浩. 早稲田大学、大阪大学における標準化教育連携について［J］. 工学教育研究講演会講演論文集, 2013.

［99］前川正実, 永井由佳里. イノベーション創出人材育成のためのグループPBLのデザイン［J］. 日本デザイン学会 デザイン学研究, 2017.

［100］三木 千壽. 工学分野の人材育成について［J］. 工学教育, 2017.

［101］安藤 晃, 渡辺正夫, 伊藤幸博, 久利美和, 中村肇, 下山せいら. 東北大学 飛翔型「科学者の卵養成講座」における卓越した理数人材育成［J］. 日本科学教育学会年会論文集, 2017.

［102］松井 亨. 多様化する大学入試—筑波大学での事例—［J］, 化学と教育. 2017.

［103］矢野 加奈子, 杉野 卓也, 宮林 茂幸, 石坂 真悟, 鈴木 一聡. 多摩川源流大学プロジェクトの取組みと人材育成［J］. 水利科学, 2017.

［104］百合野 正博. 大学における人材育成のキーポイントについての一考察［J］. 研究商学部創立 60 周年記念号 同志社商学, 2010(3).

［105］豊貞 雅宏. 製造現場の中核人材育成をめざして［J］. 工学・工業教育研究講演会講演論文集, 2005 年.

［106］山本 早里, 高崎 葉子, 原 忠信, 宮原 克人, 五十殿 利治, 逢坂 卓郎. 筑波大学創造的復興教育プログラムの意義とローカルデザインへの展開［J］. 日本デザイン学会 デザイン学研究, 2016 .

［107］萩原 和, 仁連 孝昭, 鵜飼 修, 上田 洋平, 北井 香, 星野 敬子. 地域人材育成および地域ネットワークを取り結ぶ大学の新たな役割−滋賀県立大学における「地(知）の拠点整備事業( 大学 COC 事業)」を事例として［J］. 日本デザイン学会 デザイン学研究, 2014.

［108］阪本 崇. 教育経済学：理論と政策［D］：［博士学位論文］. 京都：京都大学, 1999.

［109］岩田 年浩. 経済学教育論の研究［D］：［博士学位論文］. 神戸：神戸商科大学, 1997.

［110］妹尾 渉. 日本の教育の経済分析［D］：［博士学位論文］. 大阪：大阪大学, 2004.

［111］渡邊 智美. 日本における教育達成の決定要因について［D］：［博士学位論文］. 横浜：横浜国立大学, 2013(03).

［112］私立大学学術研究高度化研究推進事業( 人文学及び社会科学分) ［DB/OL］. http：//www. mext. go. jp/b ＿ menu/shingi/gijyutu/gijyutu4/008/siryo/attach/1342985.

htm，2013.

[113]山野井昭雄. 大学における人材育成の重要性[DB/OL]. http：//www. mext. go. jp/ b_ menu/shingi/chousa/koutou/41/siryo/attach/1293113. htm，2004

[114]文部科学省参考資料. 大学における理工系人材育成の在り方 ~理工系プロフェッ ショナル教育推進事業[DB/OL]. http：//www. mext. go. jp/a_ menu/kouritsu/ detail/1351307. htm，2014.

[115]今後の各高等教育機関の役割・機能の強化に関する論点整理[DB/OL]. http：// www. mext. go. jp/b _ menu/shingi/chousa/shougai/034/shiryo/attach/1383211. htm，2017.

[116]第4章基礎研究及び人材育成の強化[DB/OL]. http：//www. mext. go. jp/b_ menu/ hakusho/html/hpaa201301/detail/1338261. htm，2013.

[117]ShiYJ. Economic Development and the Popularization of Higher Educationin Japan[J]. Studies in Foreign Education，2002，4(3)：261-272.

[118] YamaokaM, AbeS. The Present Stateof Economic Educationin Japan [J]. JournalofEconomic Education，2010，41(4)：448-460.

[119] Yamane E. Economic Education in Japan at the Precollege Level[J]. Journal of Economic Education，1985，16(4)：273.

[120]Bron fenbrenner M. Economic Education in Japan at the University Level[J]. Journal of Economic Education，1985，16(4)：269-272.

[121]ChenBT. Educationin Japanand "Economic Power"[J]. Journalof Yangzhou University Higher Education Study Edition，2004.

[122]信州大学経済学部外部評価実施委員会. 外部評価報告書：教育理念と実践につい ての第三者評価[R]. 信州大学経済学部，2000.

[123]長崎大学経済学部・経済学研究科外部評価報告書[R]. 長崎大学経済学部・大学 院経済学 研究科，2002.

[124]グローバル人材育成推進事業審査結果報告[R]. 日本学術振興会グローバル人材 育成推進事業プログラム委員会，2012(12).

[125]東北大学高度教養教育・学生支援機構大学教育支援センター. 東北大学履修証明 プログラム大学教育人材育成プログラム(EMLP)2013-2014年度報告書[R]. 東北 大学高度教養教育・学生支援機構大学教育支援センター，2016(10).

[126]岡山大学経済学部. カリキュラム改革に関する調査報告書[R]. 岡山大学経済学

部，1997.

［127］神戸大学経済学部自己評価(外部評価)委員会. 神戸大学経済学部・経済学研究科
　　　外部評価報告書［R］. 神戸大学経済学部，2000.